CONVITE À REFLEXÃO

A LIBERDADE EM SARTRE

A LIBERDADE EM sartre

Thana Mara de Souza

70

discurso editorial

A LIBERDADE EM SARTRE
© Almedina, 2019
Publicado em coedição com a Discurso Editorial
AUTOR: Thana Mara de Souza
COORDENAÇÃO EDITORIAL: Milton Meira do Nascimento
EDITOR DE AQUISIÇÃO: Marco Pace
PROJETO GRÁFICO: Marcelo Girard
REVISÃO: Roberto Alves
DIAGRAMAÇÃO: IMG3
ISBN: 9788562938276

Dados Internacionais de Catalogação na Publicação (CIP)
(Câmara Brasileira do Livro, SP, Brasil)

Souza, Thana Mara de
A liberdade em Sartre / Thana Mara de Souza. --
São Paulo : Edições 70 : Discurso Editorial, 2019. --
(Convite à reflexão)

Bibliografia.
ISBN 978-85-62938-27-6 (Edições 70)

1. Filósofos franceses 2. Liberdade - Filosofia
3. Sartre, Jean-Paul, 1905-1980 - Filosofia
I. Título. II. Série.

19-31253   CDD-123.5

Índices para catálogo sistemático:

1. Sartre : Liberdade : Filosofia 123.5

Maria Paula C. Riyuzo - Bibliotecária - CRB-8/7639

Este livro segue as regras do novo Acordo Ortográfico da Língua Portuguesa (1990).

Todos os direitos reservados. Nenhuma parte deste livro, protegido por
copyright, pode ser reproduzida, armazenada ou transmitida de alguma forma
ou por algum meio, seja eletrônico ou mecânico, inclusive fotocópia, gravação
ou qualquer sistema de armazenagem de informações, sem a permissão expressa
e por escrito da editora.

Dezembro, 2019

EDITORA: Almedina Brasil
Rua José Maria Lisboa, 860, Conj.131 e 132
Jardim Paulista | 01423-001 São Paulo | Brasil
editora@almedina.com.br
www.almedina.com.br

Sumário

Introdução	9
1 A liberdade absoluta	17
2 A liberdade situada	65
3 A liberdade responsável	109
Conclusão	121
Referências bibliográficas	125

Introdução

A liberdade sempre foi um tema essencial não só para a filosofia, mas para o cotidiano de todos os homens. Em um mundo que de formas distintas insiste em oprimir o outro, clamar pela liberdade, pensar o que ela é, é fundamental para a boa convivência entre os homens. A liberdade é, pois, uma das grandes questões teóricas e práticas com que nos deparamos ao longo de nossas vidas. E é esse o principal tema do filósofo Jean-Paul Sartre, que chega a colocar o homem como sinônimo de liberdade e devendo, portanto, lutar por ela a todo momento.

Jean-Paul Sartre nasceu em Paris em 1905 e morreu, na mesma cidade, em 1980. Filósofo francês que deu prosseguimento à fenomenologia (filosofia alemã iniciada por Husserl e que dizia, entre outros preceitos, ser preciso voltar às coisas mesmas), Sartre vivenciou boa parte dos acontecimentos do século XX.

De um século com tantos acontecimentos (a Primeira e a Segunda Guerra mundiais, a Revolução Russa, a Crise de 29, a morte de Stálin e a descoberta dos campos de concentração não só na Alemanha mas também na antiga URSS, a criação de Israel e as guerras na Palestina, a Revolução Cubana e a Revolução Cultural na China, a guerra da Argélia e do Vietnã, e Maio de 68) Sartre não quis se ausentar. Diante de todos esses acontecimentos, o filósofo não se calou, não elegeu como tema e profissão uma filosofia que se coloca acima dos problemas reais, que se proclama abstrata. Muitos dos escritos de Sartre foram feitos para se pensar esses acontecimentos, como o texto *Reflexões sobre a questão judaica*, escrito para pensar o que significa ser judeu – pensamento esse essencial em uma época marcada pelo nazismo.

E Sartre não escreveu apenas ensaios, mais diretamente políticos, que nos levam a refletir sobre os conflitos do século XX: seus textos propriamente filosóficos não devem ser pensados de modo totalmente abstratos, já que eles vêm de uma tradição que pretende falar das vivências, de uma compreensão que não se resume ao entendimento racional, mas que torna o sentido (do livro, da filosofia, das preposições, da vida) uma busca essencial. Mesmo que Husserl e Heidegger (os filósofos alemães que pensaram na fenomenologia e a desenvolveram) não tenham se voltado diretamente para os fatos do dia a dia, Sartre se volta para eles – sua filosofia se relaciona explicitamente com o vivido; e é para alcançá-lo que o filósofo francês também utilizou vários outros meios.

Por meios mais diretos como o jornal, a rádio e a televisão, ou por meios mais indiretos, mas que atingem as pessoas como o teatro e a literatura, Sartre pretendeu compreender o que nós somos e como nos relacionamos com os outros e com o mundo. Seja através de megafones em greves francesas, distribuindo jornais clandestinos em meio às ruas de Paris, admitindo que esconderia bombas e terroristas argelinos (durante a Guerra da Argélia, na qual o país queria se libertar da colonização francesa, que não admitia a liberdade de sua colônia), seja através de textos literários e até mesmo de seus textos filosóficos, Sartre pretende compreender, junto com seus leitores (que constroem, juntamente com o autor, a obra e o pensamento), como nós somos, como sentimos e como nos relacionamos uns com os outros – e para isso, é preciso atingir nosso âmago, é preciso nos tocar, nos provocar. Uma filosofia não poderia ser, para Sartre, apenas lógica: ela deve ter um rigor que atinge o leitor, que trata de problemas essenciais e ao mesmo tempo cotidianos.

Mas diante desse mundo tão marcado por guerras (além das mundiais, outras revoltas mais locais, mas nem por isso menos importantes – como a Guerra da Coreia e a Revolução Cubana), por ditaduras (Stálin na URSS e a ditadura socialista, Pol-Pot no Cambodja, o surgimento das ditaduras militares na América do Sul), por um capitalismo que pretende determinar não só nossos desejos como também nossas necessidades, Sartre ainda diz que nós estamos *condenados a ser livres*, que somos totalmente livres, até mesmo quando pensamos termos sidos obrigados a agir de determinado modo, até mesmo quando achamos que podemos mostrar todas as desculpas por termos agido assim e não de outra maneira (como é o caso quando dizemos que fomos criados de um certo modo e por isso agimos assim). Mesmo nessas condições mais terríveis como a guerra e a ditadura (de forma direta ou de forma mais velada, como muitas democracias são), Sartre diz que o homem é livre, que nada impede o homem de ser liberdade.

Como é possível ter a coragem de dizer que o homem é livre mesmo com todos esses acontecimentos, mesmo com tantas guerras que nos matam, com tantas ditaduras que nos calam e com tantas democracias que nos impõem as palavras e desejos corretos? Como Sartre consegue dizer, logo após a Libertação de Paris (final da Segunda Guerra Mundial), que os franceses nunca foram tão livres como durante a ocupação do país pelos alemães?

Para compreender essa ousadia de Sartre, é necessário entender, em um primeiro momento, o que significa liberdade para o filósofo.

E o que pretendemos mostrar nesse livro, tomando por base *O ser e o nada* e *O existencialismo é um humanismo* (os dois livros publicados na década de 40, o primeiro em 1943 e o segundo em 1946), é que a liberdade sartriana é a própria definição de ser humano; e que por isso sempre somos livres, por isso nossa liberdade é total mesmo quando o que vemos é a tentativa de destruí-la por completo (seja a tentativa mais pessoal de tentar negar a liberdade que somos; seja a tentativa social de destruir por meio da violência a liberdade que temos o direito de ser).

Pensar, porém, que a liberdade se dá de modo absoluto, em todas as condições e em todos os momentos históricos, não leva Sartre a uma abstração total. Embora as definições e conceitos se deem no mundo atemporal das teorias, a filosofia sartriana exige, por sua definição mesma, uma relação com o concreto, com a história humana. Por isso a liberdade, mesmo que definida como absoluta, vista como definição mesma do ser humano (e que portanto somos em qualquer circunstância), só tem sentido no mundo em que vivemos, nesse mundo em que ela nos parece tão impossível.

A liberdade sartriana apresenta dois momentos (que veremos nos capítulos 1 e 2): o abstrato e o concreto, os quais não devem ser, no entanto, separados – definir o homem como liberdade não é esquecer que vivemos no mundo da falta da liberdade. Quando diz que o homem é livre mesmo em meio a uma guerra mundial, mesmo com sua cidade tomada pelo exército inimigo, Sartre não se aliena, não diz que somos livres porque estamos acima desses acontecimentos, porque eles não atingem o "filósofo" (figura muitas vezes vista como alienada, abstrata, perdida no mundo das ideias e que tropeça nos buracos da calçada). Não se trata de uma liberdade abstrata, que seria garantida mesmo quando somos impedidos de ser livres, mas de uma liberdade que ao mesmo tempo é e se conquista, de uma liberdade que ontologicamente somos (sendo a ontologia o estudo de uma essência, do "ser") e que ao mesmo tempo precisamos conquistar historicamente.

E é justamente por ver esses dois aspectos da liberdade que Sartre consegue compreender o homem de modo tão humano, cheio de contradições e desejos. Ao não desconsiderar esse mundo tão opressor em que vivemos, ao tentar entender as questões teóricas do Para-si e do Para-outro em meio ao nosso mundo cotidiano, o filósofo francês consegue fazer uma filosofia que alia o humanismo ao rigor e a dúvida à razão.

Apenas porque considera a concretude das definições (e sem considerar o concreto como um simples exemplo da teoria, mas vendo-o como algo que enriquece o tempo todo o sentido da definição teórica) é que Sartre pode dizer que somos absolutamente livres e ao mesmo tempo procuramos essa liberdade que somos. Só por assim fazer é que Sartre se mostra como um filósofo que se volta para o mundo real dos conflitos e problemas e nele se insere, tentando mostrar como a filosofia só faz sentido quando "sai" do real e se volta para ele. Se a filosofia necessita de conceitos e noções e com isso se afasta um pouco da vivência, do dia a dia, ela só se distancia para melhor ver o real, para mais compreensivamente se inserir nele.

Mas antes de mostrar como se dá essa relação entre a teoria e a prática, o abstrato e o concreto por meio da definição de liberdade, vejamos primeiro por que Sartre define o homem como absoluta e necessariamente livre – e para isso precisamos entender antes o modo como o filósofo define o ser humano, que ele chama de Para-si.

Capítulo 1

A liberdade absoluta

Para o filósofo Sartre, a liberdade que temos é tão grande que, na verdade, não se trata de uma qualidade, de um atributo que podemos ou não ter. Em vez de dizermos que "tal homem tem liberdade", o correto seria dizer que nós todos *somos* liberdade. No lugar do verbo ter, seria melhor usar o verbo ser: nós não temos liberdade, mas somos liberdade em todos os momentos de nossa vida. Não há, para ele, diferença alguma entre dizer "homem" e "liberdade": se somos seres humanos, então somos livres.

Mas para entender como Sartre chega a essa definição da realidade humana como liberdade, para entender como essa liberdade pode ser total, mesmo nas situações em que não conseguimos vê-la, é preciso antes estabelecer algumas noções muito importantes para sua filosofia, tais como *intencionalidade*, *Para-si* e *Em-si*. Só a partir do momento em que essas definições estiverem claras é que poderemos compreender por que a liberdade é absoluta.

A influência de Husserl

O conceito fundamental da filosofia de Sartre, a base para que possamos compreender suas principais questões, veio de um filósofo alemão que viveu anos antes de Sartre: é de Husserl[1] que nosso filósofo parte, principalmente quando aquele diz que é preciso voltar às coisas mesmas, que a filosofia deveria adotar um novo estilo, encontrar uma nova maneira de lidar com questões tão antigas e nunca resolvidas.

Foi Husserl quem retomou a noção de **intencionalidade** que tanto será aproveitada por Sartre para pensar a relação do homem com o mundo e a liberdade como definição do ser humano. Mas o que significa essa intencionalidade?

Em primeiro lugar, poderíamos dizer que ela é o modo como nós nos relacionamos com o mundo, com as coisas, ela é o que estabelece a relação entre sujeito e objeto, entre a consciência e a coisa – enfim, a intencionalidade pensada por Husserl tem como objetivo entender como se dá o conhecimento que temos, como se dá nossa relação com o mundo.

Mas essa questão não é uma questão nova na filosofia, que foi descoberta por Husserl. Pelo contrário:

---

1 Filósofo alemão que viveu entre 1859 e 1938. Partindo das questões matemáticas, encontrou problemas que somente uma nova filosofia poderia resolver, e foi com essas preocupações que fundou o que veio a ser chamado de fenomenologia, filosofia essa continuada por Sartre e outros filósofos como Heidegger e Merleau-Ponty.

os grandes filósofos, desde Platão[2], tentam compreender como o homem se relaciona com o mundo, como podemos ter a certeza de que nosso conhecimento é verdadeiro, como podemos saber se o que vemos realmente existe ou é apenas fruto de nossa consciência ou imaginação.

Quem nunca parou para se perguntar se a árvore que vemos realmente existe? Ou então se essa árvore que realmente existe não influencia o que pensamos dela?

Essas foram questões essenciais para quase todos os filósofos: muitos procuraram compreender como poderíamos provar que o mundo realmente existe e que não é apenas pensado ou imaginado por nós. E para que vejamos melhor a novidade da resposta de Husserl é bom sabermos antes (mesmo que de uma maneira bastante simplificada) como a filosofia moderna tentou explicar a relação do sujeito com o objeto.

De modo geral, houve três tipos de resposta para essa questão: a dos realistas, a dos idealistas e a de Kant.[3]

A vertente realista

Para os filósofos realistas, o objeto tem mais importância que o sujeito: eles costumam dizer que o

---

2 Filósofo grego que viveu entre mais ou menos 428 e 347 A.C e escreveu obras como *A República* e *O Banquete*.

3 Filósofo alemão que viveu entre 1724 e 1804 e escreveu obras essenciais, que seriam retomadas pela filosofia contemporânea, principalmente a *Crítica da Razão Pura*.

objeto tem primazia na relação de conhecimento. Mas o que seria essa importância maior do objeto em relação ao sujeito?

A vertente realista entende que a representação que fazemos das coisas está subordinada aos objetos em si mesmos, apreendidos pelos sentidos e depois registrados pelo intelecto. Nossa razão, nosso intelecto seriam apenas a apreensão dos objetos, seriam apenas o registro daquilo que existe de verdade – que são as coisas. É como se nossa mente fosse "carimbada" pela coisa, como se a existência de nosso intelecto fosse dependente do objeto, subordinada a ele: a única realidade de nossa mente é dada pela coisa. É por isso que o ponto de partida para o conhecimento é o objeto ou as coisas em si mesmas.

Nessa relação entre o homem e o mundo, este é que seria o fundamental para compreendermos o conhecimento. Mais do que a consciência e razão humanas, são os próprios objetos que colocam sua marca em nós – e o conhecimento seria apenas o registro dessa marca, desse carimbo feito pela coisa.

Mas há uma outra vertente na história da filosofia moderna que responde à questão da possibilidade de conhecimento de modo oposto: são os idealistas.

A vertente idealista

Para os filósofos idealistas, quem tem maior importância não é o objeto, mas o sujeito. A primazia do conhecimento vem da mente, da ideia, que se mostra como o ponto de partida para a reconstituição de um acordo entre as coisas e a mente, entre o objeto e o sujeito, uma correspondência que se estabelece a partir de uma análise das ideias, que me fazem chegar até uma certa conformidade entre essas ideias e as coisas.

O conhecimento não seria, na vertente idealista, um carimbo que as coisas fariam em nossa mente, mas o contrário: é a mente, a ideia que se mostra como ponto de partida, como início do movimento que permite o conhecimento, que permite o acesso às coisas. O conhecimento, aqui, é explicado pela atividade da consciência em relação ao mundo, que se torna, portanto, menos importante nessa relação.

E se pensarmos essa vertente de um modo extremo, poderíamos dizer até mesmo que só podemos comprovar a existência de nossa mente, que o mundo poderia não passar de uma simples imaginação de nossa mente; assim como a vertente anterior poderia nos levar a pensar, ao extremo, que apenas a existência das coisas pode ser provada, e que nossa mente não é nada além de uma marca que as coisas fazem em nós.

É um dos riscos que Kant viu nas duas vertentes e por isso ele tenta modificar a maneira de pensar a relação entre sujeito e objeto, a relação de conhecimento.

A vertente kantiana

Em vez de dizer que a primazia é do sujeito ou do objeto, Kant procurou superar o impasse entre o realismo e o idealismo, redistribuindo as funções do conhecimento, tentando entender qual é a contribuição das coisas e da mente.

O conhecimento não se dá mais por meio do trabalho apenas das coisas, como diz o realismo, ou por meio apenas da mente, como também diz o idealismo: para Kant, o conhecimento se torna um conjunto entre a apreensão sensível das coisas mesmas e o nosso intelecto, que fornece um aspecto formal para essa apreensão. Ninguém é responsável sozinho pelo conhecimento, este é uma síntese entre o sujeito e o objeto; e é por pensá-lo como síntese dos elementos subjetivos e objetivos que Kant elaborará a noção da relatividade do conhecimento, ou seja: se é o sujeito que tem o papel de estruturar a apreensão das coisas, o conhecimento se constitui, portanto, de forma relativa a esse sujeito.

A isso Kant chama de fenômeno: a realidade não como ela poderia ser (já que não sabemos como ela seria em si mesma, sem nossa organização), mas tal como ela aparece a nós, condicionada por certas estruturas lógicas de nossa própria mente. Não existe nenhum objeto que não esteja comprometido com o sujeito que o conhece porque a representação consiste sobretudo no modo pelo qual essas coisas aparecem a nós de acordo com certas condições que são nossas.

Temos de um lado o sujeito do conhecimento (a consciência que apreende o fenômeno, ou seja, que apreende a realidade tal como ela a estrutura) e, de outro lado, o objeto, que é nada mais que esse fenômeno apreendido pela consciência.

Kant concilia o trabalho do sujeito e do objeto a fim de pensar o conhecimento, tentando, assim, superar os problemas que via tanto no realismo quanto no idealismo.

Mas será que ele conseguiu dar um papel importante para o sujeito e o objeto?

Para o filósofo Husserl, a ideia de Kant deve ser seguida, mas não totalmente. Para ele, há um problema na filosofia de Kant – e é por isso que tentará encontrar outra resposta à questão da possibilidade e modo de conhecimento.

A vertente husserliana

O problema que Husserl vê na filosofia kantiana vem da noção de apreensão. Embora Kant tenha tentado equilibrar o papel do sujeito e do objeto na relação de conhecimento, é a mente quem aprende a coisa e esta é apreendida pela mente.

E essa apreensão do objeto pelo sujeito pode significar uma assimilação das coisas pela mente que as percebe, como se essas coisas se transferissem do mundo para minha mente. O risco de Kant ao pensar na noção de apreensão é cair no idealismo, é postular um desequilíbrio na relação entre sujeito e objeto, fazendo com que este perca sua importância.

É por isso que Husserl diz ser necessário voltar às próprias coisas, dar uma importância aos próprios objetos. Se Kant conseguiu mostrar a relação do objeto com o sujeito, é preciso completar esse caminho e mostrar que o sujeito também se relaciona com o objeto: só assim podemos encontrar um equilíbrio na relação de conhecimento, na relação entre homem e mundo.

Mas como Husserl tenta encontrar esse equilíbrio?

Para ele, o problema vem da própria definição de sujeito, de consciência: se a consideramos como uma coisa, será difícil colocá-la de modo dependente do mundo. Pensando a consciência como uma caixa na qual guardamos as percepções e lembranças, só temos duas opções: ou dizer que as coisas se dirigem a essa caixa (solução dos realistas) ou dizer que é a caixa que captura as coisas (solução dos idealistas).

Por isso, o primeiro trabalho de Husserl é o de "purificar" a consciência, tirar as caixas e gavetas dela, livrá-la de todo conteúdo e pensá-la em relação direta com as coisas. A consciência, para ele, é sempre consciência de alguma coisa, não pode ser considerada sem estar voltada para os objetos. A consciência não é uma coisa, ela é o modo que o sujeito tem de visar o objeto, e fora dessa relação com o mundo, não é nada.

Com essa purificação da consciência, Husserl tenta não cair no mesmo erro de Kant, o de pensar que a coisa pode ser assimilada, tragada pela mente. Se a consciência é o movimento em direção às coisas, e apenas esse movimento, não há como conceber as coisas desaparecendo dentro da consciência. E a esse olhar, a esse movimento, Husserl dá o nome de **intencionalidade**.

Com essa concepção da consciência como intencionalidade, como sendo sempre consciência de, um modo de visar, um movimento em direção às coisas, Husserl mantém, no conhecimento, o equilíbrio entre sujeito e objeto. De maneiras autônomas e igualmente importantes, consciência e mundo se relacionam e contribuem para que haja o conhecimento.

O objeto não corre mais o risco de "sumir" dentro da consciência porque não há mais um "dentro" para a consciência, e esta não corre o risco de "desaparecer" dentro do objeto porque não pode ter seu movimento paralisado, fixado. Há uma apreensão do objeto pela consciência (a intenção que se volta para a coisa), mas agora a separação entre elas e a autonomia de ambas estão asseguradas, justamente porque a consciência passou a ser apenas o olhar para os objetos, passou a ser intencionalidade.

A natureza da consciência não é a mesma das coisas, e por isso o conhecimento do mundo não significa nem o desaparecimento do objeto na mente nem o desaparecimento da consciência na coisa. Ambos permanecem independentes.

Desse modo, Husserl conserva a primazia do sujeito e também do objeto, e é da relação necessária entre eles que se forma o conhecimento e todo modo de vivenciar o mundo (o que vem antes do conhecimento propriamente dito).

Sartre e a influência de Husserl

O filósofo francês manteve a noção husserliana de intencionalidade para conservar a importância do sujeito e do objeto no mundo, para que a relação de conhecimento continuasse a ser equilibrada e não fruto apenas de um dos lados da relação, seja do sujeito, seja do objeto. Com a mesma preocupação de superar o realismo e o idealismo, Sartre manteve em sua filosofia a ideia da consciência como intencionalidade, como sendo o movimento em direção às coisas, ao mundo e aos outros homens.

O homem, em sua filosofia, é consciência e, portanto, intencionalidade, está desde o início voltado para o mundo que não é mas sem o qual também não pode existir, já que se define por ser apenas sua existência: não temos uma essência com a qual nascemos, é na medida em que vivemos que nos fazemos. A nossa essência só pode ser encontrada em nossa existência.

Mundo e homem aparecem conjuntamente, sem que um possa ser pensado sem o outro. E mesmo que o mundo exista anteriormente ao homem, é só com a presença deste que aquele adquire significado, qualidades como "ser cruel", "ser bonito", "azul", "estar sol" ou "estar chovendo". E o homem não pode ser pensado fora do mundo, não pode ser imaginado como um ser abstrato, que pudesse se separar de sua vivência: somos consciência e, portanto, somos intencionalidade, ou seja, o movimento em direção ao mundo e nada além disso.

Ao mesmo tempo em que Sartre separa o homem do mundo, coloca-os em uma relação de interdependência: a consciência de modo nenhum pode ser uma coisa, um objeto, mas só existe enquanto movimento em direção ao objeto; e este nunca fará parte da consciência, nunca estará dentro dela, mas só adquire um significado por causa da consciência que somos.

E para designar melhor essa distinção entre mundo e homem, adotou dois nomes usados há muito tempo pela filosofia: ao objeto, Sartre chama de ser-em-si, e ao homem, chama de ser-para-si.

Mas por que Sartre dá esses nomes?

Como tudo em filosofia, não se trata de um acaso. Há um significado nesses nomes que o filósofo escolheu para dizer "homem" e "mundo". Analisando essas duas palavras, "ser-em-si" e "ser-para-si", poderíamos já imaginar algumas das características que Sartre dá para cada um.

Prestemos atenção: o homem é ser-para-si e o objeto é ser-em-si. Temos apenas uma diferença entre esses nomes, que é a mudança da preposição: se para o homem a preposição escolhida é "para", para o objeto a preposição é "em". E o que essas duas preposições indicam?

Quando é que usamos normalmente a preposição "para"? Podemos ver alguns exemplos nessas frases: "eu vou para São Paulo", "eu vou para casa", "para ir bem na prova, é preciso estudar".

E qual a ideia que a palavra "para" tem nessas frases ou ao menos em boa parte das frases que podemos imaginar? Ela sempre indica um movimento, uma locomoção espacial (o lugar para onde vamos) ou uma locomoção temporal (primeiro é preciso estudar para depois ir bem na prova). Não é, portanto, à toa que Sartre escolheu designar o homem como "ser-para-si": com isso ele pretende indicar para nós que o homem está sempre em movimento, que ele sempre se locomove em busca de alguma coisa, de algo que ele não é (se ele já fosse, não teria sentido buscar o que já tem. Se buscamos algo é porque não o temos ou porque já tivemos mas perdemos).

Já a preposição "em" significa, na maior parte das vezes, outra coisa. Vejamos alguns exemplos de como usamos essa palavra: "vivemos em São Paulo" (mesmo "viver no Rio de Janeiro" é dizer em + o), "Em minha cidade, chove". Será que ao usar "em" também queremos dizer que estamos em movimento em direção a algum lugar, ao futuro? Não nos parece: ao menos em boa parte das frases, o "em" é utilizado para situar uma ação, um sujeito, para dizer onde ele está agora, parado. O "em", ao invés de indicar o movimento, a busca de algo, parece indicar um repouso, o estar parado. E esse é o significado de um objeto para Sartre, como veremos a seguir.

Sartre continua a filosofia de Husserl e também adota a noção principal de que o homem é consciência, e que ser consciência significa ser intencionalidade, o movimento em direção ao mundo.

Mas agora que sabemos melhor o que é ser intencionalidade, falemos um pouco mais desses termos que apareceram agora, o ser-em-si e o ser-para-si. Eles serão fundamentais para entendermos depois por que o homem é considerado sempre livre, mesmo nas ocasiões em que pensamos ser impossível a liberdade.

Comecemos então pelo Em-si, já que ele está em repouso e é mais fácil "olhá-lo".

O ser em-si

Se o objeto é ser-em-si é porque ele está, como já começamos a ver, em repouso. Ao invés de buscar algo, de dizer que alguma coisa lhe falta, o objeto sempre é visto parado, quieto, sem inquietações. E se ele não busca nada, é então porque nada lhe falta. Sartre diz em seu livro *O ser e o nada* que o Em-si é o que é, é opaco a si mesmo, ou seja, está pleno de si mesmo.

Não há nenhum vazio nas coisas, elas são completas, plenas, em-si, sem segredo nenhum. Elas são inteiramente "definidas", são exatamente aquilo que são. Não existe um "fora" da cadeira ou ao contrário, um "dentro" da cadeira. Elas não ocultam nada, são aquilo que são. E por ser assim, não são negação, não sentem falta de nada, não se relacionam com nada: se colocamos um copo em cima da mesa ou se dizemos que o verde desse gramado combina com o marrom dessa árvore não é porque o copo deseja estar em cima da mesa ou porque a árvore quer ficar perto da grama para "combinar". Se existe uma relação entre a árvore e a grama é apenas porque nós, seres humanos, precisamos estabelecer relações entre o que vemos. Mas isso não é um desejo da própria árvore ou da grama.

O Em-si não deseja ser outra coisa, não estabelece relação alguma com as outras coisas ou conosco; ele é pleno, completo, pura positividade (nada falta para quem já é completo): "O ser é. O ser é em si. O ser é o que é" (SARTRE, 1999, p. 40). Com essas poucas palavras, Sartre indica o quão pouco podemos falar do Em-si: ele é pleno, a ele nada falta, ele nada busca, sempre está em repouso. E se é assim, o que falar dele?

Ao contrário do que poderíamos pensar em um primeiro momento, o ser que é completo é ao mesmo tempo pobre. O objeto não é o ser mais rico porque é pleno, porque não precisa de nada. A riqueza e os detalhes só existem quando algo ainda falta, quando ainda buscamos alguma coisa, o que não é o caso da coisa. Como poderíamos contar, por exemplo, a história de um certo objeto?

Poderíamos pensar que isso é possível, que poderíamos dizer que essa mesa diante de nós veio de uma fábrica, que tirou a madeira de tal floresta. Ou então que ela era uma mesa de nossa avó, que passou para nosso pai e ele nos deu para estudarmos. Mas em nenhum desses casos temos a história do objeto! O que contamos nessas duas hipóteses é a história de nossa relação com a mesa ou o modo como o homem modifica determinado material para construir outro.

A mesa, sem ser pensada através de nós, não tem história alguma, e isso porque ela é plena, a ela nada falta, porque ela se apresenta sempre em repouso e sem estabelecer relações com os outros objetos e conosco. Todo objeto está em repouso, está quieto, e só quem é completo pode ser assim. Mas ser completo, na filosofia de Sartre, não significa ser mais rico em histórias e aventuras, pelo contrário: as histórias só são possíveis para aquele que não é pleno, para aquele que se movimenta em busca de algo e, portanto, para quem falta ser em plenitude.

Se ser em-si é ser objeto, não é assim, portanto, que somos. Sartre nos define como ser para-si, lembram? Somos aquele que sempre está em movimento, nunca parados, sempre inquietos, em busca de algo, insatisfeitos – e o que mostraremos agora é que somos assim porque somos intencionalidade, ou seja, totalmente livre.

O ser para-si

Nós somos o que Sartre chama de Para-si, o que é bem diferente de ser Em-si. Como já começamos a mostrar, quando usamos a preposição "para" queremos dar a ideia de algum movimento. Ao contrário do Em-si, sempre parado e sem buscar nada, os seres humanos são vistos pelo filósofo como aqueles que nunca conseguem deixar de buscar alguma coisa, como sendo sempre movimento em direção ao que não tem, ao que não é.

Para Sartre, temos que buscar alguma coisa o tempo todo. Somos definidos por nunca pararmos, por sempre estarmos inquietos a procurar por aquilo que não temos, por sermos sempre angústia, a sensação de que algo nos falta. Ao nos definir como Para-si, o filósofo pretende mostrar que somos movimento e que esse movimento nunca irá parar, que, portanto, algo sempre faltará.

Mas o que é que será que tanto buscamos? Será que nunca conseguimos aquilo que queremos? Para Sartre não! Sempre teremos de ser essa busca, e por isso ele nos define como movimento em direção ao que não somos. Se essa é nossa definição, é porque não tem como deixar de sê-la: mesmo se pensamos que conseguimos algo, vemos depois que não era esse algo que nos completava, e então queremos conquistar outra coisa.

E o que é que desejamos e nunca teremos?

Sartre nos dá a resposta na própria definição que usamos até agora. Lembram que quando ele deseja falar de ser humano ele usa a expressão "para-si"? E já vimos que a palavra "para" indica o movimento que sempre seremos... Mas já temos também a indicação do que é que buscamos nesse movimento: o "si".

Nós, seres humanos, somos o ser que não é "si", somos o ser que se movimenta em direção ao que não é, ou seja, à coincidência consigo mesmo. Enquanto o Em-si é totalmente pleno, idêntico a si mesmo, nós somos justamente a procura por essa identidade, por uma definição que nos tornasse igual a uma pedra, ou seja, que nos definisse de tal modo que nunca mais mudaríamos, que nunca mais poderíamos deixar de ser aquilo que foi dito. Mas sabemos que não é assim: mesmo que um dia achemos que "preguiçoso" nos define totalmente, sabemos também que um dia poderemos mudar essa definição, que um dia poderemos agir de modo diferente. Não há como definir uma pessoa de modo a paralisá-la, a fazer com que ela nunca mais possa se transformar.

É por isso que Sartre diz que falta ao homem essa coincidência consigo mesmo, que nos falta uma identidade. Como sempre podemos mudar, como sempre podemos nos transformar, nenhuma definição permanece grudada a nós. Parece haver sempre uma distância entre a definição e os seres humanos, e mesmo se ela for muito pequena, ao menos ainda sempre teremos a chance de mudar, de nos afastarmos mais dela e nos aproximarmos de alguma outra característica.

Sartre identifica o Para-si à consciência que somos, e porque a consciência é intencionalidade (e portanto só o direcionar-se em relação ao mundo, aos outros e aos Em-si) ele diz que a existência da consciência implica sua essência: se a consciência não existe antes de direcionar-se às coisas, ela não tem propriamente uma essência; no máximo, poderíamos dizer que sua "essência" é justamente sua existência.

Dizer que não temos uma identidade completa conosco mesmo, dizer que nos falta uma coincidência total com o ser que nos faria completo e totalmente definido é a mesma coisa que dizer que não temos essência.

Nossa existência é nossa essência, é nossa busca contínua pelo "si" que não somos e nunca seremos. Mas se nunca seremos um ser pleno e satisfeito, nunca poderemos deixar de buscá-lo. Nossa única certeza é a de que não teremos certeza, assim como nossa única "essência" é não ter essência alguma. Na medida em que somos Para-si, existimos como busca do "si", que sempre nos faltará.

O único modo de alcançarmos essa completude seria morrer. Só a morte transforma um homem em ser em-si, mas isso acontece porque o homem morto deixa de ser Para-si, porque ele nunca mais poderá mudar. Claro que a mulher do homem morto pode mudar o que achava dele, pode dizer que ele era ruim, mesmo se enquanto ele vivia ela dizia que ele era um homem bom. Mas não é mais o homem que muda, é a ideia da mulher sobre ele. O homem só se torna Em-si quando morre, mas então não é mais Para-si: não há como ser os dois ao mesmo tempo. Se podemos nos modificar, se podemos buscar o que queremos e não temos, o que gostaríamos de ser e ainda não somos, é justamente porque somos incompletos, porque não somos plenos, idênticos conosco mesmos. E se somos completos, isso significa que nunca poderemos mudar, nos transformar, buscar algum outro modo de ser.

E se nossa "essência" é o nosso existir, se somos apenas o mover-se em direção às coisas, podemos começar a ver por que Sartre diz que somos **ontologicamente livres**, ou seja, que temos de ser livres, que somos livres em todos os momentos de nossa vida. Por não haver uma essência que se dê antes do fato de existirmos, porque não há nenhuma hereditariedade ou educação que defina totalmente o que seremos, nós somos como existimos, e nossa existência só poderia ser livre. Se nossa essência é posterior ou atual em relação à existência, que se dá por meio de uma consciência que não é nada além do movimentar-se em direção ao que ela não é, temos de ser livres.

Sartre chega a dizer que não há uma posteridade da liberdade em relação ao homem: não se trata de dizer "o homem é livre" pensando a liberdade como um objeto que seria atribuído a um sujeito, como uma qualificação. Para o filósofo (1999, p. 68), "o homem não é primeiro para ser livre depois: não há diferença alguma entre o ser do homem e seu 'ser livre".

Mas o que significa dizer que somos livres então? Será que a frase "eu sou livre" é igual à frase "eu sou inteligente" ou "eu sou preguiçosa"?

Para Sartre, não. A liberdade não é pensada do mesmo modo como a inteligência ou a preguiça. Quando ele diz que o homem é um ser livre, não se trata de modo algum de compreender a liberdade como uma qualidade que podemos ter ou não ter. Não é o mesmo dizer "eu sou livre" e dizer "eu sou inteligente" ou "eu sou preguiçosa": nestes dois casos, a inteligência e a preguiça são atributos que temos ou não. Com a liberdade não é isso que ocorre: ela não é dada ou negada posteriormente, como um acréscimo ao que sou. Não existe primeiro o homem para depois existir o homem livre: a liberdade é o homem. Sartre identifica o ser homem (que é o Para-si) com o ser livre: um se dá ao mesmo tempo em que o outro, um é o outro (ser homem é ser livre, e ser livre é ser homem).

Se somos consciência e se a consciência é intencionalidade, então nunca seremos idênticos às coisas: falta-nos a identidade, a plenitude que os objetos têm. Já que somos sempre movimento em direção ao que não somos, ao mundo e aos outros seres, sempre sentiremos falta da completude que não somos. Há, portanto, um distanciamento dos homens em relação às coisas, em relação ao que é Em-si. Mesmo que não possamos viver sem nos voltarmos para os objetos do mundo, não somos iguais a eles, e nunca seremos totalmente iguais. No contato que mantemos com o mundo, sempre haverá uma certa distância entre nós e o mundo.

Mas o que é exatamente essa distância e o que ela significa?

Para Sartre, esse distanciamento que mantemos em relação às coisas significa que nosso ser não é idêntico ao ser dos objetos. Como já começamos a ver, nós somos seres Para-si, com uma consciência que se define por ser intencionalidade, ou seja, um movimento em direção aos outros e não um conteúdo cheio de caixas onde pudéssemos guardar as ideias, as lembranças e a percepção das coisas.

O que permite a distância dos homens em relação ao mundo é essa ausência de plenitude. Enquanto as coisas são seres completos, Em-si, nós somos seres a quem falta a completude, somos Para-si, um ser que de certo modo é "nada de ser". Falta-nos ser totalmente, falta-nos o que nos tornaria completos, e nos definir assim é ao mesmo tempo nos definir como seres a quem falta ser. Há um vazio em nosso ser, e é por isso que somos capazes de perceber os desejos, as negações e as impossibilidades.

A negação só pode aparecer por meio do homem. E isso porque apenas nós somos capazes de fazermos relações, de significarmos o mundo e nossos atos; e como falamos ao definir a intencionalidade para

Husserl, essa capacidade de fazer surgir a negação, o questionamento (enfim, as relações entre nós e o mundo) se deve ao fato de sermos consciência, uma consciência pensada como intencionalidade.

Para que isso fique mais claro podemos seguir um exemplo de relação entre homem e mundo que Sartre dá no início de seu livro *O ser e o nada*: a interrogação como conduta humana. Sendo intencionalidade, nunca podemos pensar o homem sem estar em relação com o mundo, com aquilo que ele não é: por isso Sartre parte da certeza de que somos seres-no-mundo (expressão usada primeiramente pelo filósofo alemão Heidegger) e dessa certeza tenta analisar o modo como essa relação se dá.

E para analisar como esse ser-no-mundo deve ser entendido, Sartre escolhe uma atitude humana qualquer: a interrogação. Toda conduta humana é um modo do homem ser-no-mundo e ao tentar compreendê-la, podemos ver melhor o que é o homem, o mundo e como se dá a relação entre eles.

Toda interrogação pressupõe um ser que interroga (o homem) e um ser que é interrogado (o Em-si). Sempre nos perguntamos sobre alguma coisa, e por isso, no ato de perguntar, temos o ser nos dois extremos: o homem de um lado e o ser interrogado de outro. Mas se inicialmente a interrogação parece estar rodeada pelo ser, ao tentarmos compreendê-la melhor, podemos ver que, na verdade, é o não-ser que predomina.

Isso acontece porque, à pergunta que o homem faz, a resposta pode ser "sim", mas também "não". Há sempre a possibilidade de uma resposta negativa, mesmo nas perguntas que aparentemente não admitem um "não" como resposta, tal como "Quem está aí?': se a resposta não pode ser "não", ela pode ser "ninguém", que é um modo negativo de responder.

Mas além da resposta poder ser negativa, o homem se coloca numa posição de não saber: se ele pergunta, é porque não sabe a resposta. "Assim, a interrogação é uma ponte lançada entre dois não-seres: o não-ser do saber, no homem, e a possibilidade de não-ser, no ser transcendente [na resposta]" (SARTRE, 1999, p. 45).

Ao nos perguntarmos sobre o ser, vemos que o não-ser nos rodeia o tempo todo, que não sabemos a resposta e que a resposta pode ser negativa. A pergunta só é possível justamente porque não sabemos. Se soubéssemos desde o início, não haveria por que perguntar. Mas ao buscar o ser fomos surpreendidos pelo nada:

> Partimos em busca do ser e parecia que tínhamos sido levados a seu núcleo pela série de nossas indagações. Eis que uma olhada na própria interrogação, quando supúnhamos alcançar nossa meta, nos revela de repente estarmos rodeados de nada. A possibilidade permanente do não-ser, fora de nós e em nós mesmos, condiciona nossas perguntas sobre o ser (SARTRE, 1999, p. 46).

Desse modo, Sartre pretende mostrar que, ao nos perguntarmos sobre o ser, vemos que o não ser está o tempo todo junto, e que somente porque não sabemos é que podemos nos perguntar. E de onde surge essa possibilidade de negação, de negatividade?

Só um ser que não é completo pode identificar e criar as relações, inclusive e principalmente a relação de negatividade. O "não" surge no mundo apenas porque o homem é, de certo modo, nada, porque a nós falta o "si" que nos tornaria completos. A negação só surge diante da espera humana: é porque espero ter 65 reais na carteira que constato, ao abri-la, que *não* há esse valor, que há apenas 35 reais. O "ter 65 reais" e "ter 35 reais" não são, em si mesmos, negativos: é o homem que, ao esperar um valor, verifica que *não* tem o que esperava.

Não se trata, para Sartre, de encontrar uma negatividade em meio a fatos reais e objetivos. Mesmo um temporal, por exemplo, não causa propriamente uma destruição, uma alteração no mundo: antes e depois dele, existe *ser*. Apenas o homem é capaz de dotar esse ser de significados diferentes, de dizer que antes do temporal havia uma casa e que depois do temporal só há destroços. É apenas ele que dota o ser Em-si de mudança espacial e temporal. O negativo, o tempo, a modificação, toda e qualquer relação não se encontra nunca no Em-si: é sempre o Para-si que significa o mundo, que relaciona um fato a outro, de modo a dizer que há negação, que há destruição ou construção.

É por isso que Sartre diz que a negatividade só pode vir de uma espera humana, de uma consciência que seja, em si mesma, consciência dessa negação. Do ser Em-si, que é pura positividade, nunca virá o nada: o ser a quem nada falta não poderia estabelecer relações, quaisquer que sejam: de causalidade, positividade, negatividade. É o homem, por ser Para-si, que pode ser, em si mesmo, negatividade, nada.

Só porque não somos plenitude é que detectamos que algo nos falta, que há um vazio que nos invade, que junto com o ser há um nada que nos infesta. Apenas porque a estrutura do Para-si é nada de ser que o nada advém ao mundo: "O homem apresenta-se (...) como um ser que faz surgir o Nada no mundo, na medida em que, com esse fim, afeta-se a si mesmo de não-ser" (SARTRE, 1999, p. 66). Se a negatividade aparece no mundo, é porque o homem investe o mundo de negações. E é preciso que o homem seja de um modo distinto do Em-si para que ele faça surgir o Nada no mundo.

Como já dissemos, o Em-si é pleno: para ele, nada falta, ele nada deseja e por isso não se relaciona com nada. Não é o livro que estabelece uma relação com a mesa, mas o homem quem estabelece a relação entre o livro e a mesa. É pelo homem que as qualificações, as relações e as negatividades vêm ao mundo. E ao homem só é possível estabelecer relações e colocar o nada no mundo porque ele é, de certo modo, nada de ser: a ele falta justamente o "si" que completa, que define e é por isso que o homem é, para Sartre, liberdade.

Partindo de uma conduta qualquer, a interrogação, vimos que quando o homem pergunta é porque ele não sabe a resposta e que esta pode ser negativa. E mesmo que a resposta seja positiva, é na verdade o homem apenas que é capaz de estabelecer relações, de colocar o "sim" e o "não" no mundo. A negatividade e as relações nunca poderiam vir do Em-si, já que a este nada falta. Apenas porque somos falta de ser, porque somos desejo, é que podemos verificar que algo falta no mundo, que o que desejamos não está ali.

E essa distância que mantemos em relação ao mundo em todas nossas condutas vem do fato de sermos intencionalidade, de sermos aquela consciência que não é nada a não ser um movimento, um sopro, um vento em direção ao que tem consistência, às coisas do mundo. E é nesse distanciamento e nessa possibilidade de estabelecer relações que surge a liberdade humana.

É porque é desejo de "si", movimento em direção ao ser que ele não é, que o homem é livre. A liberdade não é então uma qualidade "positiva" que seria acrescentada ao modo de vida da pessoa: ela é o sinônimo do Para-si, ela é o homem porque a este falta o ser, porque este nada de ser é e, portanto, porque nada o determina, nada o completa, nada o define.

Por ser incompleto, por não ser o "si" que busca (a coincidência consigo mesmo, a definição), o homem é liberdade. Ele não é como uma cadeira, com uma definição e uso já dados. É porque não é a plena positividade do Em-si que o homem é livre: é porque é nada de ser, porque a negatividade infesta o Para-si que o ser humano não é definido e identifica-se com a liberdade.

O homem só coloca a negatividade no mundo porque é livre, porque consegue manter sempre uma certa distância em relação ao contato com o mundo. Mesmo as relações de positividade só são possíveis porque mantemos essa distância, porque não nos confundimos com as coisas, porque, enfim, somos livres. "A liberdade humana precede a essência do homem e torna-a possível" (SARTRE, 1999, p. 68).

Do mesmo modo que a relação entre o Em-si é dada pelo Para-si porque ele mesmo é relação ao si que não é, a negatividade vem ao mundo porque o Para-si é nada de ser; e a realidade humana só pode se desgarrar do mundo (como faz na interrogação, na dúvida e em todas as outras condutas) porque ela é, por natureza, desgarramento de si mesma, e nisso consiste a liberdade humana: no ato de nossa consciência ser *transcendência*, ou seja, dela ser o movimento em direção a algo que não é ela, dela se manter separada daquilo com que se relaciona.

Essa liberdade sartriana é absoluta porque é condição de qualquer relação e conduta que mantemos com o mundo. Apenas porque o homem é capaz de se distanciar, de se desgarrar do mundo, e essa é a definição da liberdade, que qualquer relação com o mundo e os outros é possível. Em todas as ações que realiza, a liberdade é a condição, já que é necessária essa distância que, na verdade não se distingue do que somos: somos Para-si, seres a quem falta ser, seres que se direcionam ao que não são, ao ser que nunca seremos; e que por isso somos falta, vazio, nada. Somos o distanciamento, o desgarramento e é isso que significa a liberdade para Sartre. E como qualquer atitude que mantivermos, inclusive a atitude de não querer agir, exige esse distanciamento, podemos dizer, junto com Sartre, que a liberdade se dá em todas nossas ações, mesmo nas de escravidão e obediência. Podemos então dizer que a liberdade se identifica com nossa existência e, portanto, com nossa "essência".

É por isso que Sartre diz que não há diferença entre ser homem e ser livre: a liberdade, o ato de se separar do mundo e de si mesmo é condição da própria realidade humana. Em toda conduta, em toda ação, o homem se separa das coisas, dos outros e de si mesmo pelo nada de ser que é. Por isso a liberdade na filosofia sartriana é **ontológica**, ou seja, está necessariamente presente em todos os homens, em todas as existências. E se ela é condição de qualquer ação que temos, isso significa também que ela é **absoluta**, ou seja, não pode ser limitada por nenhum acontecimento. Ela é necessária e não pode ser diminuída em nenhuma ocasião: eis o que significa a liberdade ontológica e absoluta para Sartre.

A liberdade se identifica com a realidade humana, com ser homem: ela é o desgarramento, a distância que o Para-si é em relação a ele mesmo, esse movimento em direção ao que ele não é. Podemos dizer, assim, que a única definição que o homem pode ter é a ausência de definição, que sua "essência" é sua existência (a ausência de essência); e que a única determinação que o homem pode ter é sua liberdade, a ausência de qualquer determinação.

Mas essa liberdade não seria abstrata demais?

Será que dá para pensar essa liberdade em nosso mundo, no dia a dia, com tantas obrigações e pessoas querendo limitar o que queremos fazer?

É claro que a definição que Sartre dá à liberdade não parece em nada com a liberdade como normalmente pensamos. A liberdade sartriana não é essa que pedimos no dia a dia, que o jovem exige contra seus pais (pensando que ser livre é não estar sob o jugo deles, pensando que os pais impedem sua liberdade) e nem mesmo a que o preso exige (pensando que ser livre é não estar atrás das grades, pensando que estas não permitem sua liberdade).

Para Sartre, como já dissemos, a liberdade não é uma característica, uma qualidade que podemos ter ou não e que nos seria dada como um acréscimo ao que somos. Todo ato que realizamos, toda conduta que temos (a revolta do filho, a reclamação do preso) só é possível porque somos ontologicamente livres, ou seja, porque necessariamente temos de ser totalmente livres em todas as nossas ações. É a liberdade que permite a revolta e a indignação, e por isso Sartre diria que o jovem que obedece aos pais é livre e que mesmo o preso, atrás das grades, é também livre em um certo sentido.

Por isso é importante dizermos que a liberdade, nessa filosofia que estudamos, não significa o poder fazer o que se quer, o ter a oportunidade de fazer o que temos vontade. Aqui na filosofia de Sartre a liberdade tem um outro sentido, um sentido mais forte que esse que usamos no dia-a-dia: ela se identifica com a necessidade e possibilidade que temos de nos distanciarmos do mundo e dos outros para manter qualquer espécie de relação com eles. Tanto na revolta quanto na aceitação das ordens que nossos pais nos dão exercemos nossa liberdade, já que damos um significado a essas ordens e reagimos a ela. Seja para reagir brigando, seja para reagir aceitando, nos dois casos nos mostramos separados da ordem que foi dada e assim mostramos que podemos dar um certo significado para ela, e só podemos fazer isso porque somos inicialmente livres.

Mas se Sartre ficasse apenas nesse aspecto da liberdade, se ele falasse apenas do lado ontológico, da necessidade da liberdade aparecer em todos os momentos e de modo total, poderíamos facilmente criticá-lo, não? Essa liberdade parece tão afastada do nosso mundo concreto, das obrigações que temos de realizar!

Não é só assim, no entanto, que Sartre pensa. Pensar a liberdade como absoluta, como presente em todos os atos humanos, não é pensá-la apenas de modo abstrato, desconsiderar esse mundo concreto no qual vivemos. Dizer que o preso é livre não significa dizer que Sartre ignora a prisão, assim como dizer que o jovem é livre não significa dizer que os pais que mandam são ignorados: a liberdade é absoluta e isso significa que ela está presente em todas as nossas ações e em todas as situações em que podemos nos encontrar, mas ela só se dá nessas ações e situações, não existe de modo abstrato, totalmente fora do mundo.

Mostraremos o quanto essa liberdade é concreta no próximo capítulo.

Antes disso, porém, fica uma pergunta: se a liberdade nos parece algo tão importante e bom, se ficamos felizes quando achamos que estamos livres, será que essa seria também a sensação de liberdade para Sartre?

Como será que sentimos essa liberdade que não podemos deixar de ser?

Já começamos a ver que a definição de liberdade para Sartre não é igual ao que pensamos normalmente da liberdade, que é fazer o que desejamos fazer, sem ter de obedecer a regras. Mas como será que sentimos essas duas liberdades?

Se aquele jovem e aquele preso tanto reclamam a liberdade, se muitos querem ser livres é porque a liberdade aparece para eles como algo bom, desejável, como algo que acrescentaria ao que eles são, que os tornariam melhores e mais poderosos. Se desejamos a liberdade, se brigamos para tê-la, é porque pensamos que é bom ser livres, porque nos sentimos bem ao termos liberdade.

Ora, para Sartre, a sensação de liberdade é oposta ao que normalmente pensamos sentir. Como já vimos, somos livres justamente porque somos Para-si, não temos a definição e a plenitude que as coisas têm. A liberdade mostra que somos nada de ser, que somos um vazio que sempre quer se completar, definir-se. E se somos esse movimento em direção ao "si" que não somos, é precisamente porque não somos completos, porque somos falta, negação, desejo.

Constatar a liberdade que somos significa ter consciência de nossa falta de definição, e portanto, ter consciência de que não há desculpas para nosso jeito de agir: como sou Para-si, nada pode determinar-me, nenhuma educação, "natureza humana" ou Deus podem eliminar minha liberdade e exigir que eu aja de tal maneira. Mesmo que eles existam, o homem é desgarramento, é distanciamento, separação em relação a eles e com nada determinando-o, é liberdade.

Sentir a liberdade é sentir esse peso de sermos nós, sozinhos e em nossos atos, que nos fazemos; que só somos uma essência em nossa existência, conforme vivermos. É por isso que, se a liberdade nos liberta de toda dominação (e por isso é bom senti-la), ela traz consigo o peso quase insuportável da responsabilidade e da falta de desculpas e justificações de nossas ações.

É por isso que Sartre diz que a consciência da liberdade não é a alegria, a euforia ou a tranquilidade. Apreendemos a liberdade que somos por meio da *angústia*. Vejamos agora como e por que a apreensão da liberdade é angústia e não só um sentimento de alegria ou poder.

A apreensão da liberdade absoluta como angústia

Para Sartre, não é possível definir o homem sem dizer que ele é livre. A liberdade é a "essência" humana, é o que define o homem: por isso somos ontologicamente livres, dessa forma, mesmo nas situações que nos parecem ser tão contrárias à liberdade, Sartre diz sermos absolutamente livres.

Se ser homem é ser liberdade, mesmo na cadeia, mesmo escravo, o homem é livre. A liberdade é o fundamento sem fundamento de todas nossas ações; é ela que permite toda ação, mas não traz nenhuma justificativa para o ato. Ela é um fundamento que não fundamenta nada, ela é a necessidade de nossa contingência, ou seja: ela mostra que não há nada necessário em nossa vida, mostra que somos sempre nós mesmos quem decidimos como interpretar o mundo, que importância damos a tal fato.

O que é necessário é a contingência, a ausência de necessidade. Nunca é o mundo (o Em-si) que determina uma tal relação, nunca é tal educação que determina um ato meu: se tive educação religiosa, isso não determina minha crença ou minha revolta. Sou eu quem, no próprio ato de agir, mostro minha decisão, mostro se aceito ou rejeito a educação religiosa que tive.

Assim, a liberdade nos dá um poder imenso, mas um poder que é perigoso, que é "pesado", pois nos tira qualquer desculpa que gostaríamos de encontrar. Se é certo que queremos ser donos de nossas ações e sentimentos, é certo também que queremos tirar nossa responsabilidade: o tempo todo damos desculpas, dizemos que agimos assim porque não tivemos escolha, colocamos a causa de nossa ação em nossa educação ou em determinada situação, e quase nunca em nós mesmos.

Mas se pensamos na liberdade do mesmo modo que Sartre a pensa, não há como imaginar desculpas para o modo como agimos. Uma liberdade que é absoluta, que acompanha todas nossas ações, não permite justificações, desculpas: a única justificação que podemos dar é que não houve justificação alguma, é que nada nos determina a agir de tal modo.

Se somos liberdade, não existe um ato nosso que não mostre a liberdade que somos. Assim, nenhuma ação que fazemos pode ser causada por algo que não seja nossa liberdade. E é porque nos tira todas nossas desculpas que Sartre diz que a liberdade é apreendida como angústia. Essa liberdade não é de modo algum "leve": ela mostra todo nosso peso de sermos sempre nós, sozinhos e sem desculpas, que decidimos nossas ações.

É assim que um personagem de seu romance, Mathieu, toma consciência da liberdade, da ausência de necessidade e desculpas: "Sou livre, pensou subitamente. E sua alegria transformou-se de imediato em esmagadora angústia" (SARTRE, 1991, p. 316). E depois desenvolve esse sentimento, descobrindo estar condenado a ser livre:

> No meio do Pont-Neuf ele parou e pôs-se a rir; essa liberdade, procurei-a bem longe; estava tão próxima que não a podia ver, não a podia tocar, era apenas eu. Eu sou a minha liberdade. Esperara ter um dia uma imensa alegria, ser transpassado por um raio. Mas não havia nem raio nem alegria: aquela nudez apenas, aquele vácuo tomado de vertigem diante de si mesmo, aquela angústia cuja própria transparência impedia de se ver (SARTRE, 1991, p. 326).

Não é com alegria que apreendemos nossa liberdade, mas sim com angústia. Ela nos aparece como uma condenação, como algo do qual não podemos fugir, que não podemos não ser. Por isso ela é apreendida mais como angústia que como alegria.

Mas o que seria a angústia?

Hoje é comum usarmos algumas palavras sem que elas tenham o sentido preciso que têm para a medicina ou para a psicologia e a filosofia. É normal dizermos que estamos com depressão, por exemplo, mesmo quando só temos um dia de tristeza ou desânimo, assim como é normal dizermos que estamos com angústia quando na verdade só temos medo de alguma coisa.

Digamos então com precisão o que significa angústia para Sartre.

Em *O ser e o nada* vemos como a angústia se difere do sentimento de medo: seguindo os filósofos Kierkegaard e Heidegger,[4] Sartre diz que o medo é medo de alguma coisa, medo do mundo, dos seres – aqui a causa do medo está nas coisas, no mundo (é o escuro, por exemplo, que me faz sentir medo). O medo é minha reação diante de algum aspecto do mundo que não me agrada, seja o escuro ou a violência. Já a angústia não se dá diante das coisas, mas diante de mim mesmo, seria uma reação de medo diante de nós mesmos, não de um objeto, de uma coisa, mas de nós como sujeitos, e sujeitos livres. O medo é a apreensão irrefletida das coisas e a angústia é a apreensão refletida de si própria, é quando nos perguntamos "Que fazer?".

Para compreendermos melhor como se dá a angústia, Sartre descreve duas situações: a angústia diante do futuro (um caso de vertigem) e a angústia perante o passado (um jogador que decide parar de jogar).

---

4 Kierkegaard: filósofo dinamarquês que viveu entre 1813 e 1855. Heidegger: filósofo alemão que viveu entre 1889 e 1976.

A vertigem como angústia diante do futuro

No caso da vertigem, temos um homem que caminha em uma trilha estreita, sem proteção e à beira de um precipício. No início esse precipício causa medo, tudo que o homem quer é ficar o mais longe possível dele, é evitar as pedras nas quais poderia escorregar e então cair. Por enquanto ainda estamos na esfera do medo: o homem tem medo do precipício, das pedras e acha que pode ser vítima de algum caminho escorregadio, de alguma pedra perigosa. Ele tem medo que as coisas ajam sobre ele de modo inesperado, de modo que ele não queira. O homem se vê aqui como passivo, como um objeto que pode ser afetado por outros objetos, e é disso que tem medo.

E para escapar desse medo, o homem começa então a pensar em algumas possibilidades: ele pode ficar atento, pode evitar pisar nas pedras e desviar do caminho escorregadio. Diante do perigo do mundo, da ameaça de ser vítima perante os objetos, o homem reflete e começa a se colocar como sujeito, como aquele que pode evitar os perigos, como aquele que pode agir sobre o mundo. Para afastar as ameaças, o homem imagina as ações que poderia fazer, as condutas que poderia ter caso apareçam muitas pedras. E ao se colocar como agente, como aquele que pode agir sobre as coisas, esse homem afasta o medo: na medida em que ele tem possibilidades, em que ele não é totalmente passivo perante os acontecimentos, não há do que ter medo.

O medo é superado quando o homem se coloca como sujeito, quando ele percebe que pode alterar aquilo que lhe causava medo. Mas com isso outro problema surge: se ele pode se desviar da pedra, isso não significa, porém, que essa atitude terá eficácia e nem mesmo que ele fará isso o tempo todo. Se ele pode ter essa conduta é porque ele também pode não tê-la, é porque ela não é necessária, obrigatória: não há nada que determine essa atitude, e por isso ele pode, a qualquer momento, não realizá-la mais.

Se ele decide desviar da pedra não é porque ele foi determinado pela situação, obrigado a fazer tal coisa: é de sua liberdade que o homem tira o fundamento de sua ação. Mas como já dissemos, ela é um fundamento que não fundamenta nada, que pode ser transformado a todo instante. Se é possível desviar é porque também é possível pisar na pedra: "sua possibilidade tem como condição necessária a possibilidade de condutas contraditórias (não prestar atenção às pedras do caminho, correr, pensar em outra coisa), e a possibilidade de condutas contrárias (lançar-me no precipício)" (SARTRE, 1999, p. 74). E não há nada que faça o homem escolher a atitude "A" e não a atitude "B": todas as possibilidades estão ali, ao alcance, e apenas ele, no próprio ato e modo de agir, mostra qual atitude preferiu. E se agora ele escolhe "prestar atenção às pedras", isso não é garantia alguma de que ele está a salvo o tempo todo: é preciso que a cada momento ele reafirme sua decisão, que ele a escolha novamente.

E é ao se ver como sujeito, como aquele que escolhe, sem ser determinado por nada, que a angústia surge: quando compreende que sua conduta é apenas uma possibilidade que ele escolheu, e que por ser possibilidade pode ser abandonada a qualquer instante, o homem se angustia. "Ao constituir certa conduta como *possível*, dou-me conta, precisamente por ela ser *meu* possível, que nada pode me obrigar a mantê--la" (SARTRE, 1999, p. 75).

Nada me obriga a me jogar no precipício, assim como nada me obriga a me desviar das pedras. E se a angústia surge porque o homem se apreende como livre, como podendo assumir qualquer possibilidade, ela pode ser afastada justamente pela decisão que o homem toma: se o suicídio é seu possível, o completar o caminho também é. E então o homem pode muito bem se afastar do precipício (que ele já olhava, do qual já tinha se aproximado por uma atração-repulsão) e continuar o caminho decididamente.

A angústia surge aqui como a apreensão da liberdade em relação às condutas futuras: o homem compreende que ter tomado tal atitude agora não garante que no momento seguinte ela será mantida, já que nada determina nem a ação nem a continuidade dela. Essa angústia se dá, portanto, em relação ao futuro, ao ver que nosso ato presente não garante a continuação dele, ao compreender que nosso futuro não está determinado por nosso presente (já que posso alterá-lo a todo momento) e nem o determina (querer ser o homem que percorreu o caminho não dá segurança, garantia de que eu escolha me desviar das pedras e não me jogar no precipício).

Podemos ver isso com um outro exemplo: o fato de querermos ser aprovados na escola (querer ser no futuro o jovem que passou de ano) não determina o fato de que hoje precisamos estudar. Quantas vezes não aconteceu de sabermos que para passar (e queremos ser aprovados) precisamos hoje estudar essa matéria e mesmo assim não a estudamos? Isso também mostra que o que queremos no futuro não é suficiente para determinar nossa ação hoje.

O futuro que desejo não pode de modo algum determinar minha ação presente e nada garante que essa minha ação de agora será continuada no futuro. O mesmo pode ser dito em relação ao passado: ter tomado uma decisão ontem não significa que necessariamente eu a repetirei hoje. É necessário a cada segundo reafirmar a decisão, não em pensamento (não se trata de levantar motivos e pesá-los em uma balança), mas principalmente na prática, no momento mesmo em que agimos.

O jogador e a angústia diante do passado

É aqui que surge a angústia diante do passado. No outro exemplo dado por Sartre, no do jogador de cassino que tinha decidido parar de jogar, vemos bem o quanto a decisão anterior não garante a tranquilidade dele (e poderíamos usar qualquer outro exemplo de vício, como o da bebida, por exemplo): no momento em que ele se aproxima do cassino, sua decisão anterior de nada serve.

O jogador recorre à decisão tomada no dia anterior, mas isso não é suficiente para ele não jogar hoje; ele se lembra de todos os motivos que levou em consideração para não jogar ontem (a ruína econômica, os problemas na família), mas nem isso é capaz de determinar que ele não jogue hoje.

O medo de desolar minha família tem de ser *recuperado* por mim, recriado como medo vivido, pois se mantém à minha retaguarda como um fantasma sem ossos, na dependência de que eu lhe empreste minha carne. Estou só e desnudo, tal como diante da tentação do jogo, na véspera, e, depois de erguer pacientemente barreiras e muros e me enfurnado no círculo mágico de uma decisão, percebo com angústia que *nada* me impede de jogar" (SARTRE, 1999, p. 77).

Apenas o próprio jogador, sem qualquer apoio, sem qualquer justificativa, pode escolher, agora, se irá jogar ou não. A decisão de ontem, a vitória tão difícil de ontem, não serve de modo algum para determinar a decisão de hoje. Por isso é tão difícil nos livrarmos dos vícios do fumo, da bebida e do jogo: é necessário, para isso, a cada segundo, reafirmar a decisão de não fumar, não beber, não jogar. E nada nos obriga a tomar sempre a mesma decisão; é preciso livremente recuperá-la ou mudá-la. E essa apreensão da liberdade que somos, da liberdade que nos deixa sem segurança alguma, sem desculpa nenhuma, nos angustia.

A angústia é, para Sartre, a consciência específica da liberdade. É pela angústia que apreendemos a liberdade que somos, o fato de que todas nossas ações não são determinadas por nada, o fato de que apenas a liberdade está no fundamento de tudo; ou seja, o fato de que nossa única necessidade é não ter necessidade alguma, é ser contingente.

É por isso que a liberdade se mostra, para Sartre, com tamanho peso, como uma condenação. Não se trata de uma alegria por sermos nós que tomamos as decisões, mas do peso da responsabilidade de termos de necessariamente tomar uma atitude que é totalmente injustificável e contingente. Pensar a liberdade como estrutura permanente do ser humano, como absoluta, é pensá-la como uma condenação, como um peso insuportável que devemos suportar, é senti--la, enfim, como angústia.

A tentativa fracassada de fugir da liberdade

Mas se essa liberdade se encontra em todos nossos atos, se ela é a condição mesma de agirmos, não deveríamos sentir angústia o tempo todo? Se a angústia é o modo como apreendemos a liberdade, e se a liberdade é condição de existência e se mostra a todo momento, então a angústia deveria ser o estado permanente de nossa afetividade.

Sartre sabe, no entanto, que não sentimos angústia o tempo todo, e nem seria bom sentir, já que ficaríamos paralisados, sem ação quase o tempo todo. Mas se é assim, é preciso explicar então como a angústia pode ser rara se ela é a apreensão de uma liberdade que se dá a todo instante.

Isso acontece, segundo Sartre, porque no nosso dia a dia não costumamos viver essas situações tão extremas, nas quais nos aparecem as possibilidades de suicídio ou destruição. E a angústia só aparece como uma reação reflexiva a uma dessas situações que nos causam muito temor, medo.

É claro que mesmo o ato mais simples e corriqueiro pode ser questionado, pode nos causar um medo que nos faça pensar sobre ele e compreender então que ele é uma possibilidade, e como possibilidade, fruto de minha liberdade. Já que toda ação só existe por minha liberdade, qualquer pequeno ato pode despertar a angústia e nos revelar a liberdade que somos.

Mas é preciso que reflitamos sobre nossas ações para que elas nos apareçam como possibilidade de liberdade e para que então a angústia surja. No entanto, "a consciência do homem *em ação* é consciência irrefletida" (SARTRE, 1999, p. 80). No cotidiano, não costumamos refletir sobre nossos atos, questionar nossas atitudes. E é por isso que, se todas as ações podem ser questionadas e assim revelar nossa angústia como modo de apreender a liberdade, não é, no entanto, o que fazemos normalmente.

Quando o despertador toca, por exemplo, poderíamos questionar tudo, poderíamos nos perguntar se o trabalho ao qual vou não seria uma possibilidade que, como tal, indicaria que há outras possibilidades (a de não trabalhar). Mas não é isso que um trabalhador costuma fazer: ele desliga o despertador e sai apressado para o trabalho, sem em nenhum momento se perguntar sobre seu trabalho, sem compreender que é uma possibilidade sua que poderia ser rejeitada.

O mesmo se dá normalmente com o estudante: quando o despertador toca, ele poderia se questionar sobre seu estudo e perceber que este não é nada além de uma possibilidade que ele vive porque livremente a escolhe. Mas o que o estudante costuma fazer é acordar e sair para a escola, vendo-a como uma obrigação que ele precisa cumprir, quer queira ou não.

Nesse nosso mundo do imediato, sempre com tantas coisas a fazer, costumamos ter uma consciência irrefletida. Se todo ato é liberdade e poderia despertar a angústia, é só quando refletimos sobre ele que elas aparecem em conjunto. Todas essas obrigações, a correria do dia a dia, acabam funcionando como um muro de proteção contra a angústia: se temos tantas coisas a fazer, não paramos para pensar nelas e podemos tentar encobrir a liberdade que é sua condição, encontrar desculpas por fazermos isso e não aquilo.

Mas segundo Sartre, basta que eu comece a pensar nas condutas, basta que eu me afaste um pouco da correria para refletir sobre mim, para que a angústia surja, para que eu descubra que, na verdade, sou eu quem dou um significado ao despertador, sou eu quem decido obedecer ou não ao chefe, ao professor: todos os significados e valores aparecem no mundo por mim; eles são frutos de minha liberdade, da liberdade que eu sou. Ao me afastar e pensar sobre isso, descubro a liberdade na angústia.

No entanto, se é preciso refletir para que a angústia nos revele a liberdade que somos, não é qualquer reflexão que nos aparece como angústia. Mesmo de modo refletido podemos tentar fugir da angústia, do descobrimento de nossa liberdade – e é o que também tentamos fazer na maior parte das vezes.

Porque a liberdade se nos mostra como angústia, porque ela revela que nossos atos não têm desculpas, tentamos fugir dessa condenação, desse peso que nos oprime. A esta tentativa reflexiva de mascarar a liberdade e a angústia, Sartre chama de *má-fé*.

Por meio da má-fé o homem tenta fugir da angústia, ignorá-la. Trata-se de uma tentativa de apreender a liberdade como mero acaso, de encontrar no mundo situações que nos determinam, de nos fazermos, de certo modo, coisas, de nos definirmos de modo total, tal como o Em-si.

É o que Sartre mostra no exemplo de um casal homossexual, quando um deles recusa totalmente ser homossexual e o outro o critica, pensa ser o "campeão da sinceridade" por assumir seu comportamento. Mas vejamos mais de perto como o filósofo descreve esse casal.

Enquanto um diz que não é homossexual e recusa todas as condutas que tem, o outro o acusa de não ser sincero, de não assumir-se e cobra que ele se diga homossexual. Mas esse que se pretende totalmente sincero também está de má-fé, já que diz ser homossexual do mesmo modo que uma mesa é uma mesa, ou seja, quer definir-se como um Em-si e não admite ser ele, a cada momento, que age e escolhe sua conduta. Os dois estão de má-fé: um porque não admite suas ações como suas (não se aceita como homossexual), o outro porque faz de sua ação uma definição definitiva (quer se colocar como um Em-si).

Fingir não ser as atitudes que temos e fingir que somos nossa atitude do mesmo modo como o Em-si se define é ignorar que somos liberdade, é mascarar nossa angústia de sermos nós, sem desculpa alguma, que nos escolhemos tal como somos. E isso seria a má-fé para Sartre.

Mas de todo modo, se tanto tentamos fugir da angústia que desvela nossa liberdade, é justamente ela que nos surge como possibilidade contrária à fuga: "em resumo, fujo para ignorar, mas não posso ignorar que fujo, e a fuga da angústia não passa de um modo de tomar consciência da angústia" (SARTRE, 1999, p. 89).

A angústia está ali, à espreita de cada ato que temos, ao redor de cada fuga que tentamos realizar – e sempre pronta a surgir e nos revelar nossa tão pesada liberdade. Como o personagem Mathieu descobriu às vésperas da Segunda Guerra Mundial, a liberdade somos nós e nós estamos condenados a ser livres; e de tal modo que a tentativa de fugir da angústia é ainda o exercício de uma liberdade que deseja se negar, e que nunca consegue fazê-lo totalmente.

Conclusão

A liberdade é a estrutura fundamental do ser humano, e por isso Sartre diz que somos condenados a ser livres, que nossa liberdade é absoluta e precede todos nossos atos, até mesmo o ato da submissão. O questionar, o duvidar e o indignar-se (entre outras condutas) só são possíveis porque o homem é Para-si, é o movimento em relação àquilo que não é. Se fôssemos identidade conosco mesmos, como o Em-si é, como as coisas são, não haveria possibilidade de nos afastarmos e nos posicionarmos, de aceitar ou rejeitar determinada situação.

Somos ontologicamente livres, o que significa que a liberdade sempre acompanha nossas ações, que ela se identifica com nossa existência. Não há desculpas ou causalidade para nossos atos: quando agimos,

agimos livremente, sempre podemos mudar o modo como interpretamos nossa educação, a importância que damos a um fato. As coisas, as situações não nos determinam em nenhum momento: somos sempre nós, totalmente livres, que decidimos agir, sem desculpas, de tal ou tal maneira.

No entanto, como dissemos na introdução, a filosofia de Sartre não ignora o mundo no qual vivemos: seu interesse não é criar uma filosofia abstrata, somente lógica, que não tenha relação alguma com o que vivemos.

Mesmo o conceito de liberdade, tão absoluto e ontológico, mostra-se, na filosofia sartriana, como concreto e histórico. E se até agora mostramos por que o homem é totalmente livre, dando talvez a impressão de que Sartre se importa mais com questões abstratas que concretas, mostraremos agora no segundo capítulo que essa liberdade absoluta só adquire sentido no mundo real em que estamos, no qual temos de viver. Se a definição do homem como ser livre pode nos levar em um primeiro momento a pensar em termos abstratos, logo Sartre mostra como essa concepção só tem sentido se relacionada com a realidade, com a concretude, com a história que fazemos e sofremos. Vejamos então como ele estabelece essa relação.

Capítulo 2

A liberdade situada

A liberdade absoluta não é, na filosofia de Sartre, uma liberdade abstrata. Ela só pode ser compreendida em situação, no mundo em que vivemos; e a situação só pode ser compreendida pela liberdade que somos. Dizer que somos, ontologicamente, absolutamente livres, não significa ignorar a história, o lugar em que nascemos, as situações pelas quais passamos. Em Sartre não temos uma separação entre o que é absoluto e o que é concreto: ser absolutamente livre significa ser livre nesse mundo em que estamos, significa ser concretamente livre.

E se primeiro insistimos no caráter absoluto da liberdade sartriana, agora enfatizaremos o aspecto concreto da liberdade que somos.

Como já mostramos no primeiro capítulo do livro, a consciência que somos é definida por Sartre como sendo Para-si, como sendo intencionalidade. Ela não é nada além do movimento em direção às coisas, ao mundo, ao objeto. Por isso não há como considerá-la fora desse movimento, fora dessa relação do sujeito com o objeto, com o mundo.

Com a fenomenologia nós temos a tentativa de escapar de duas concepções opostas de mundo, de escapar do que na filosofia chamamos "idealismo" e "materialismo". Na primeira concepção, o mundo é aquilo que o sujeito pensa: a realidade do sujeito se dá em primeiro lugar, de forma mais certa. Já no materialismo o que é garantido em primeiro lugar é justamente o mundo, e não o sujeito. O que Husserl, Heidegger e depois Sartre tentam (de maneiras diferentes, é claro) fazer é estabelecer, desde o início, uma relação entre sujeito e objeto: um não pode ser dado sem que o outro surja: se é certo que a existência de uma árvore não depende de nós, sua significação como "árvore" é dada por nós. E nós só existimos na medida em que nos direcionamos para o que não somos: para as coisas no mundo.

Estabelecer a intencionalidade como princípio da filosofia fenomenológica é estabelecer uma relação direta e essencial entre sujeito e objeto, de tal modo que se torna impossível pensar um sem o outro. E se essa tentativa se torna mais radical com Heidegger e Merleau-Ponty (ao tentarem até mesmo diluir a separação entre sujeito e objeto, ao tentarem misturá-los), Sartre ainda conserva o predomínio do sujeito em relação à significação do mundo, das coisas, dos atos. Para ele, é sempre o homem – e só o homem, sujeito – quem dá sentido ao que vê, ao que faz. Se não existe mais a soberania do sujeito como existência (a existência do sujeito não se dá de modo prioritário em relação à existência das coisas), ele ainda mantém a soberania da significação, da doação de sentido.

De todo modo, o sujeito para Sartre está sempre relacionado ao objeto, só existe na medida em que se volta ao mundo, aos outros, na medida em que se movimenta em direção às coisas.

Sendo assim, não podemos pensar no homem sem pensá-lo no mundo em que ele vive. Todas as definições (que nada definem, aliás) dadas ao Para-si englobam a relação dele com o Em-si: ser intencionalidade, nadificação significa, a todo instante, voltar-se para o que não somos, significa movimentarmo-nos em direção ao mundo, ao que nos rodeia.

A liberdade absoluta que somos não poderia, portanto, estar desvinculada da concretude que temos de ser. Se estamos condenados a ser livres, essa condenação só pode existir no mundo real em que vivemos. Dizer que a liberdade é absoluta significa dizer que ela não é abstrata, significa considerá-la concretamente. Nem mesmo pela imaginação seria possível abstrair da realidade.

A imaginação como modo concreto de ser-no-mundo

Mesmo quando o homem tenta se abstrair desse mundo, Sartre diz que isso não é possível. Em nenhum

A LIBERDADE EM SARTRE

momento podemos escapar totalmente desse mundo que nos faz ser. Até quando usamos a imaginação para fugirmos de tudo que nos rodeia, para inventarmos histórias e mundos nos quais melhor viveríamos, não conseguimos totalmente ignorar a realidade.

A imaginação é, para Sartre, um modo de nos relacionarmos com o mundo. Enquanto a percepção se dirige aos objetos presentes e tenta apreendê-los, a imaginação se dirige a eles tentando não vê-los, tentando apreender o sentido geral de tudo, tentando, por meio do que vê, alcançar o que não vê. Em relação a uma foto, por exemplo, podemos ver de dois modos: se estamos percebendo a foto, realmente "olhamos" para a foto, vemos o tema, a luz, o enquadramento da foto. Mas se o que nos interessa é a pessoa ou o lugar fotografado, não vemos realmente a foto: olhamos para ela para nos lembrarmos da pessoa ou do lugar, para imaginar como a pessoa estará etc. Nesse caso, não é realmente a foto que nos interessa, não é para ela que verdadeiramente olhamos: dirigimos nosso olhar para a foto, mas de modo a esquecer a própria foto. Ela serve como um instrumento (Sartre chama de *analogon*) para fazer o que não está presente aparecer, para fazer a pessoa surgir, para tornar "mais vivo" o lugar no qual não estamos.

Quando imaginamos, o que tentamos fazer é negar o mundo, é sair dele por meio da negação; é, em suma, fugir dele. Negamos aquilo que vemos, que está presente, para imaginar o que está ausente ou o que nem mesmo existe. É uma tentativa de fugir, de sair do excesso de concretude no qual vivemos e buscar a abstração do sonho. No entanto, nem mesmo na imaginação conseguimos esse ideal de abstração, de pensar em algo que estivesse totalmente desligado do mundo, de nossas preocupações.

Isso acontece porque, no início, quase sempre utilizamos algo que existe, algo que é real e está presente (no exemplo dado acima, a foto que olhamos) para poder imaginar. Para que a negação do mundo seja possível é preciso, em primeiro lugar, que o mundo seja dado: a negação só se faz quando existe algo a ser negado. Assim, a negação necessita primeiramente da afirmação. É preciso que o mundo real seja considerado para só depois ser negado, ignorado.

O imaginário parte, portanto, do mundo real, não se dá sem primeiro olharmos a foto que existe. E mesmo no momento seguinte, quando a negação do real já existe, não deixamos de conservar o mundo negado como pano de fundo. Ele continua o tempo todo escondido, possibilitando nossa imaginação, nossa fuga momentânea. Assim, se a imaginação é uma fuga da realidade, ela é uma fuga que mantém como pano de fundo o que é negado, não conseguindo, desse modo, uma abstração total: o real continua a existir, mesmo que negado, no "mundo imaginário".

A concretude possibilita a imaginação e persiste como pano de fundo negado enquanto esta dura.

E se a imaginação parte do real e o conserva como pano de fundo, é também a ele que ela se volta. Mesmo aquele que pensa permanecer o tempo todo no "mundo irreal do imaginário" volta-se constantemente para o real, vive nele, mesmo que seja para negá-lo.

Para Sartre não é possível, mesmo quando imaginamos e criamos um mundo irreal, fugir totalmente da realidade. A fuga é uma maneira de estar no mundo, de viver o que nos acontece – é uma maneira, enfim, de estarmos engajados na realidade, de estarmos "embarcados" (para usar uma expressão do filósofo Pascal, dizendo que todos estamos em um barco e qualquer ato ou pensamento se dá dentro desse barco, tem relação com ele).

A abstração é uma forma de viver concretamente a realidade. Assim, mesmo quando tentamos fugir, nunca conseguimos fazê-lo de forma absoluta, totalmente abstrata: o mundo se conserva o tempo todo presente durante a fuga, durante a imaginação. Negar o mundo, fugir dele e tentar abstraí-lo são formas de sermos no mundo, são formas de vivermos o mundo concreto que nos rodeia. O homem sempre será concreto, mesmo quando busca uma total abstração. Por sermos Para-si, por sermos intencionalidade, sempre somos o movimento em direção ao mundo, em direção à realidade.

O homem, para Sartre, é sempre concreto. Sua tentativa de fugir desse mundo, de viver no mundo irreal do imaginário não se torna de modo algum abstrata: mesmo quando queremos a abstração, isso se revela uma maneira concreta de lidarmos com o mundo. Não há escapatória, não há modo de não estar engajado (que é o mesmo que dizer que estamos comprometidos com o mundo no qual vivemos): estamos, em todos nossos atos e mesmo em nossa passividade, imersos na realidade.

Assim, quando Sartre diz que o homem é absolutamente livre, ele não desconsidera a realidade. Mesmo naquele caso do preso na cadeia, do adolescente que tem de obedecer aos pais, no caso de um país ocupado pelos inimigos durante uma guerra, o filósofo ainda diz que o homem é sempre livre, e não faz isso porque desconsidera a prisão, os pais, a guerra, mas porque pensa que, acima de tudo, é sempre o homem quem decide como interpretar e significar o que lhe acontece. Sem esquecer esse mundo de falta de liberdade, de escravidão, Sartre diz, mesmo assim, que o homem é livre, e é livre porque faz, da escravidão, um certo significado que só ele pode fazer, porque ele assume, de uma maneira que é só dele, essa escravidão que é de todos. E essa interpretação, esse assumir de modo singular a situação, só é possível porque somos ontologicamente livres.

Mas como podemos conciliar esses dois aspectos da liberdade? Como pensar no homem concreto, rodeado pelas necessidades (ir ao trabalho, à escola) e dizer que ele é livre? Como a afirmação de que o homem é absolutamente livre pode persistir no mundo real? Não é estranho dizer que temos de obedecer a nossos pais, mas que somos livres? Não é ainda mais estranho dizer que um homem preso é livre?

A liberdade como condição da ação

Essa questão é tratada por Sartre na quarta parte do livro *O ser e o nada*. Aqui ele começa a mostrar como a condição primordial da ação é a liberdade. Para podermos agir, seja lá do modo que for, é preciso antes que sejamos livres. Só podemos agir ou escolher não agir porque somos livres, só podemos aceitar o que os pais mandam ou nos revoltarmos com isso se formos inicialmente livres: a maneira como lidamos com a obrigação que nossos pais nos dão depende diretamente de nossa liberdade – nada nos obriga a aceitar, assim como nada nos obriga a não aceitar: a escolha que fazemos vem da liberdade que somos. Assim, mesmo quando escolhemos obedecer a nossos pais, fazemos isso porque somos livres – a obrigação que eles nos dão não diminui nossa liberdade.

O mesmo podemos dizer do preso: é claro que ele não é livre para sair da prisão na hora em que ele quiser. Não é disso que se trata, não é a essa liberdade que Sartre se refere. Mas ele é totalmente livre para escolher o modo como irá lidar com sua prisão, se irá aceitá-la como punição justa, se irá aceitá-la mesmo achando-a injusta, ou então se não irá aceitá-la e se atreverá a fugir ou então tentará, por meio da lei, sair da prisão.

Não podemos ignorar que estamos presos, que somos adolescentes e vivemos sob o mesmo teto que nossos pais: não dá para sermos totalmente abstratos, para ignorar esses acontecimentos – mas também não podemos dizer que somos totalmente vítimas das circunstâncias, que somos passivos, que sofremos o que o mundo nos causa, que somos determinados pelo que acontece à nossa volta.

Na filosofia de Sartre temos ao mesmo tempo a definição do homem como liberdade e a consideração do homem como concreto, como aquele que vive a história, os acontecimentos. Mas como ele consegue conciliar essas duas definições?

Começamos a dizer que isso se dá porque a condição mesma da ação é a liberdade: só podemos agir (ou escolher não agir) porque somos livres. Se não fôssemos absolutamente livres, não teríamos essa escolha de agir ou não. E não existe, na verdade, a possibilidade de não agir: isso significa, para Sartre, agir na forma da não ação. Mesmo quando escolhemos nada fazer, quando escolhemos aceitar o que os pais mandam, aceitar a prisão, isso é uma escolha, e portanto, uma ação. Não há como fugir de nossa liberdade, de nossa possibilidade de escolher tal atitude (ou uma outra). E isso quem decide somos nós, sempre: não é o fato que determina como lidaremos com ele. Por exemplo: existe uma pessoa baixa. Não há como ignorar seu tamanho, mas ela pode agir com ele de diversas maneiras, e é aí que se encontra sua liberdade absoluta: se quiser ser jogadora de basquete, o seu maior trauma será o tamanho, ficará o resto da vida revoltada porque sua altura não possibilitou a realização do seu maior desejo. Mas e se ela escolhesse ser outra coisa e não jogadora de basquete?

E se seu sonho fosse ser ginasta olímpica, por exemplo? Então ser baixa seria bom para ela, seria uma grande sorte ser pequena. Não dá para negar esse "ser baixa", mas isso não determina nada em sua vida: o modo como ela lida com sua altura depende do que planeja fazer, depende do jeito como escolhe viver. Se quiser ser jogadora de basquete, será um sofrimento ser baixa, mas se quiser ser ginasta olímpica, será bom ser baixa. Não é, portanto, o fato que determina nossa reação: tudo depende do modo como lidamos com o fato, tudo depende do que pretendemos fazer, de nosso projeto.

Vejamos o que Sartre (1999, p. 538) diz sobre isso:

> Não é a rigidez de uma situação ou os sofrimentos que ela impõe que constituem motivos para que se conceba outro estado de coisas, no qual tudo sairá melhor para todos; pelo contrário, é a partir do dia em que se pode conceber outro estado de coisas que uma luz nova ilumina nossas penúrias e decidimos que são insuportáveis.

Não é porque somos pobres que necessariamente vivemos a pobreza como insuportável. Muitos se acostumam com ela e não pensam em nenhum momento que tudo poderia ser melhor. Mas a partir do momento em que pensamos que nossa vida pode ser melhor, o que agora temos nos parece insuportável: com isso Sartre pretende dizer que não é nosso passado e nosso presente que determinam nosso futuro – se assim fosse, todo pobre seria revolucionário, por exemplo, e não é isso que vemos. É nosso projeto em relação ao futuro que nos faz interpretar o que vivemos hoje e ontem: o sofrimento aparece porque vemos a possibilidade de não mais sofrer, de não mais ter esse tal acontecimento. E só sofremos quando vemos que tudo pode ser diferente; se não temos essa perspectiva de que as coisas podem mudar, a consciência do sofrimento pode nem mesmo existir.

A ação é uma projeção em relação ao futuro, ao que não somos – e nenhum passado e presente podem determinar qual será nossa ação, nossa relação com o futuro. Claro que Sartre não chega ao ponto de dizer que os motivos não existem, que eles não fazem parte de nossos atos, mas ele não interpreta isso do mesmo modo como normalmente pensamos.

Pensar que temos um motivo para agir de tal modo não é dizer que esse motivo determina nossa ação? Como então admitir que existe um motivo e que ao mesmo tempo somos livres?

O motivo da ação não antecede a própria ação

Quando às vezes faltamos à aula porque estamos com um pouco de resfriado[1], por exemplo, o que é que costumamos dizer? "Faltei porque estava resfriado". Não é? O que desejamos fazer aqui, segundo Sartre, é tirar toda nossa responsabilidade por termos faltado: é o resfriado que nos obrigou a ficar em casa, não fomos nós quem decidimos, foi o resfriado quem determinou que ficássemos em casa e não fôssemos à escola. O motivo (o resfriado) funciona como determinante de nossa ação: é o motivo que determina nossa ação, é como se não tivéssemos poder sobre isso, como se não pudéssemos mudar esse motivo, nossa ação.

Mas vamos pensar melhor: quantas outras vezes nós não ficamos resfriados e mesmo assim fomos à escola? Ou então, se nós nunca fomos, com certeza conhecemos um colega que apareceu na aula e até nos irritou de tanto que ele tossia! E se é possível ir à escola mesmo estando resfriado, então por que dizemos que foi o resfriado quem "mandou" ficarmos em casa?

Claro que existe o motivo: não dá para dizer que não estamos resfriados. Não se trata de ignorar o

---

1 Claro que em casos mais graves de doença, o corpo encontra-se tão debilitado que fica difícil ir a uma aula. Mas mesmo assim sabemos que há casos em que a pessoa não se deixa abater.

fato, o acontecimento, mas de vê-lo de um modo diferente. Sartre diria que se um dia ficamos em casa e no outro vamos à escola, mesmo estando resfriados, então é porque não é o resfriado quem determina o que vamos fazer, mas sim somos nós quem decidimos como, no dia, vamos lidar com o resfriado. O motivo existe, mas ele aparece na hora mesmo em que decidimos agir: se não vamos à escola é porque escolhemos, no ato mesmo de ficar em casa, que o resfriado é motivo para isso.

Isso mostra que não é o resfriado, o motivo, que determina nossa ação. O motivo não limita nossa liberdade: não é o resfriado quem manda ficarmos em casa, mas somos nós, ao agir, que decidimos que o resfriado é motivo para ficarmos em casa.

Desse modo, Sartre inverte a relação entre o motivo e a ação: o motivo não vem primeiro e depois a ação. Elas se dão ao mesmo tempo: é só na hora da ação (quando escolho não ir à escola) que o resfriado aparece como motivo. Mas se minha ação fosse outra (ir à escola) o resfriado não apareceria como motivo, mas sim uma outra coisa, como por exemplo: uma prova na escola. De qualquer modo, não é o motivo (o resfriado, a prova) quem nos determina a agir de um certo modo, não somos levados por causa deles: somos sempre nós, livres, que escolhemos qual motivo vamos considerar.

Admitir que as circunstâncias decidem por nós é suprimir toda liberdade que podemos ser. Nós,

Para-si, somos responsáveis por uma ou por outra decisão, por ir ou não ir à escola. Em nenhum momento qualquer motivo ou circunstância determina o que faremos, decide por nós. Se é cômodo dizer que foi "por causa" do resfriado que faltei à prova, isso nos levaria a dizer também, para sermos coerentes, que somos sempre determinados, que sempre temos de obedecer às circunstâncias, inclusive a nossos pais.

Ou seja: para Sartre nós somos ou sempre livres (e daí não é o resfriado que decide por nós) ou somos sempre determinados (e daí não podemos reclamar, algumas vezes, que queremos ser livres). E para o filósofo, por tudo que começamos a dizer no primeiro capítulo, o homem tem de ser sempre livre, sempre liberdade. Não existe, portanto, nada que nos determine, nada que desculpe ou justifique nossas ações. Somos sempre nós quem inventamos as desculpas e decidimos qual motivo escolher.

Mas é importante notar que essa decisão de que Sartre fala não é uma decisão totalmente racional, pensada. No exemplo que damos de ir ou não à escola em um dia de prova quando estamos resfriados, sempre tomamos uma decisão, não? Seja ficar em casa ou ir à escola, decidimos por algum ato, não é verdade? E é a esse ato que Sartre chama de "decisão". Ele não quer dizer, com isso, que ficamos o tempo todo pensando no que faremos, que fazemos a lista dos prós e contras e então decidimos. Ele sabe que muitas vezes não temos claro para nós quais as questões que consideramos etc.; mas isso não quer dizer que não sejamos nós quem escolhemos. Somos sempre nós quem decidimos, mesmo não tendo uma ideia clara de tudo que está em jogo.

Mas então, vocês podem perguntar, por que quase sempre escolhemos a mesma coisa? Se não é o fato, o passado, a circunstância quem determinam, por que quase nunca mudamos?

A escolha original

É verdade que isso quase sempre acontece: se costumo ficar irritada quando alguém se atrasa, é quase certo que ficarei novamente irritada amanhã se alguém chegar atrasado. Que tipo de liberdade é essa que tenho se sempre ajo do mesmo modo? Isso não significa que somos determinados por alguns acontecimentos?

Podemos pensar no exemplo que Sartre dá para explicar isso: ele conta a história de vários amigos que saem para uma excursão, para fazer uma caminhada em uma trilha. Todos mais ou menos da mesma idade, com a mesma preparação física, mas quando chega ao meio do caminho, um decide parar, joga a mochila no chão e senta para descansar.

Como poderíamos interpretar essa atitude?

Ele poderia ter agido de outro modo, sem dúvida alguma. Seus amigos também estão cansados, mas o cansaço para eles aparece como um desafio a ser vencido: o objetivo é justamente chegar ao final da trilha, vencer esse cansaço. Mas para ele (vamos chamá-lo de Pedro) o cansaço deixa de ser algo a ser desafiado e passa a ser algo que o vence, passa a pesar em seu corpo de tal modo que Pedro desiste de tentar superar o cansaço e terminar a trilha.

No entanto, se ele poderia ter continuado a caminhada, a que preço isso se daria? Até podemos imaginar os amigos de Pedro falando um "já sabíamos que você iria parar no meio do caminho" ... Será que não existe uma "essência" de Pedro, um jeito "natural" de ser que o fez parar?

Para Sartre, isso não se dá de modo algum! O homem é sempre o projeto, a direção em relação àquilo que não somos, e nunca poderia ter algo que inicialmente o determine, que o fixe numa definição (que o faça, enfim, ser uma coisa, sempre igual). Mas ele também não diz que somos totalmente imprevisíveis, que poderíamos esperar uma ação diferente de Pedro. E por quê?

Porque, como dissemos há pouco, nós interpretamos nosso presente, o que acontece conosco, de acordo com o projeto que criamos, de acordo com o modo como escolhemos viver nossas situações. Lembram-se daquela outra história de querer ser jogadora de basquete ou ginasta olímpica? Podemos pensar assim: se meu projeto de vida é ser ginasta e eu sou baixa, não ficarei muito nervosa com outras situações que mostram o quanto é ruim ser baixa (em um supermercado, por exemplo, quando quero pegar um alimento que está no alto); mas se meu projeto é ser jogadora de basquete, se meu objetivo, para ser completa, é ser alta, qualquer situação que surgir que mostre o quanto sou baixa será vista por mim como revoltante. Há, então, uma coerência no modo como eu interpreto as situações, que é relacionada com o projeto que criei para mim.

Se somos sempre livres para dar o sentido ao mundo, às coisas, aos acontecimentos, não há como negar que existe uma certa coerência no modo como vivemos – e isso se dá porque nós temos um projeto e o seguimos quase o tempo todo. O mesmo acontece com Pedro: provavelmente a escolha de seu projeto envolve uma desconfiança em relação ao seu condicionamento físico (que os outros amigos não têm), e provavelmente seus amigos sabem que ele não acredita em seu corpo e por isso preveem que ele não seguiria até o final da trilha.

Mas se existe essa coerência é apenas porque nós, livremente, escolhemos nosso projeto, criamos um objetivo, inventamos um alvo que, se alcançado, nos tornaria completos, inteiros, "totalmente satisfeitos" (que nos tornaria, enfim, um Para-si-Em-si, com toda a ação que temos e com toda a definição rígida que as coisas têm). A liberdade encontra-se até mesmo nessa espécie de coerência no modo de vivermos nossas situações.

E o que é importante ressaltar é que, embora seja difícil, esse projeto que criamos pode ser modificado por nós a qualquer momento. Se não pudéssemos mudar nosso projeto, não teria como imaginar que mesmo assim seríamos livres. Para Sartre a liberdade continua a agir mesmo depois de já ter estabelecido o projeto, o nosso objetivo de vida. Mas ele mostra que não é tão fácil assim mudar esse projeto, pois isso significaria mudar todo nosso modo de nos relacionarmos com o mundo e com os outros. Só que há uma diferença grande entre dizer que não é fácil e dizer que é impossível: se somos nós quem escolhemos, no ato mesmo de agir, qual será nosso modo de nos relacionarmos com os acontecimentos, é porque nós podemos mudar essa escolha que fizemos.

Assim, Pedro pode não desistir, pode, surpreendendo os amigos, continuar a caminhada e terminar a subida e a trilha. Mas fazer isso significa transformar muitas outras coisas, significa que ele vê o corpo dele de outro modo, significa que o desafio para ele passa a ter um significado diferente. Ou seja: essa transformação, que pode nos parecer tão fácil e pequena (afinal: é só subir um pouco mais!), envolve muitas outras transformações, envolve ver e viver o mundo e a si mesmo de uma forma diferente. É por isso que é tão difícil realizarmos essa mudança; mas como somos liberdade, ela sempre é possível. E é possível porque o que importa é nossa intenção, é o modo como nos voltamos para o que acontece, é porque nossa definição é justamente não ter definição alguma, é sermos sempre a busca daquilo que não somos – e nesse movimento incessante (que não para) que temos de ser, podemos mudar nossa maneira de olhar, de nos movimentarmos.

A liberdade é na história, mas a história não limita nossa liberdade

É desse modo que Sartre começa a nos mostrar como podemos ao mesmo tempo ser ontologicamente livres, absolutamente livres sem desconsiderar a realidade na qual vivemos. Mas ele também mostra, de um modo muito mais concreto, como a liberdade e a história se dão juntas, como a liberdade só adquire sentido no mundo, e como o mundo não limita nossa liberdade.

No início, ele lembra que o "argumento decisivo empregado pelo senso comum contra a liberdade consiste em lembrar-nos de nossa impotência" (SARTRE, 1999, p. 593). O que costumamos dizer é que nascemos em tal lugar, com tais pais, com uma tal condição econômica – e que isso é que nos determina. Não somos livres para modificar isso, somos determinados pelo clima, pela terra, raça, classe, hereditariedade.

Não é comum dizermos que foi porque nossos pais nos educaram de um modo que agimos assim? E hoje em dia a ciência também tem o mesmo discurso, principalmente alguns grandes defensores da genética: muitos pretendem encontrar nos genes não só as causas de algumas doenças, mas também as causas do comportamento (eles procuram o gene "responsável" pelo homossexualismo, como se isso fosse uma doença que pudéssemos "curar" e não um modo de vivenciar o mundo e os outros). Com isso, pretende-se dizer que é o gene quem nos determina totalmente e que poderíamos nos transformar se esse gene fosse modificado. Ainda bem que a própria ciência mostra que existem pessoas com tal gene que se mostram homossexuais e outras pessoas, que têm o gene idêntico, mas que não são homossexuais.

Nunca conseguiremos mostrar – mesmo se a ciência estiver totalmente desenvolvida – por que somos exatamente do jeito que somos. Nunca conseguiremos ver o que nos "determina", mesmo porque não somos determinados por nada. Mas isso não significa ignorar nossa história e ignorar os avanços e descobertas da ciência, da genética: devemos reconhecer que foi em tal cidade que nascemos, que tivemos um certo tipo de educação, que tal gene está ligado a tal doença, mas isso se dá não de modo a nos determinar, a tirar a liberdade que na verdade somos.

Como, no entanto, conciliar esses dois aspectos? Como podemos dizer ao mesmo tempo que o local de nascimento foi esse e não outro e que isso, no entanto, não nos limita, não nos determina? Para responder a isso, Sartre utiliza a ideia de "coeficiente de adversidade das coisas", que nada mais é do que achar que tal situação é adversária de nossa liberdade, que ela nos limita. Mas como já começamos a ver, tudo depende, na verdade, do sentido que damos ao que nos acontece, tudo depende do projeto que temos em relação ao futuro.

Já não vimos que ser baixa pode significar frustração, mas também alegria? Para quem quer ser jogadora de basquete, ser baixa é ruim, mas para quem quer ser ginasta olímpica, é muito bom ser baixa. Não é, portanto, ser baixa que determina o modo como a pessoa irá lidar com a situação, mas é o projeto que ela faz que a levará a interpretar o ser baixa de um certo modo.

É o mesmo que acontece com as coisas: uma montanha, por exemplo, significa o que? Depende: se queremos ver a paisagem, contemplar a vista lá de cima, a montanha será preciosa, será bem vista. Mas se quisermos apenas chegar o mais rápido possível ao outro lado da montanha, ela será um estorvo, algo que nos atrapalha. Em si mesma, a montanha é neutra, depende de uma significação que só nós, humanos, podemos dar – e essa significação está relacionada ao objetivo que temos! "É por nós, ou seja, pelo posicionamento prévio de um fim, que surge o coeficiente de adversidade" (SARTRE, 1999, p. 593). A montanha só será uma adversária, um estorvo se meu objetivo for atravessá-la o mais rápido possível – é, portanto, por meio do modo como vemos a montanha que ela se mostrará ajudando nosso projeto (se queremos ver uma paisagem bonita) ou atrapalhando nosso projeto, limitando nosso objetivo.

É por isso que Sartre diz que, afinal, é justamente nossa liberdade que constitui os limites que irá encontrar depois, ou seja: se o limite só é limite porque atrapalha nosso projeto, então o que escolhe se tal situação será um obstáculo ou não é justamente nosso projeto – e nosso projeto é nossa liberdade, é o modo como vivemos, os objetivos que nos colocamos.

A montanha só é obstáculo se colocamos como fim o chegar rápido ao outro lado da montanha – e esse fim é colocado por nós, somos nós quem, livremente, escolhemos se queremos ver a paisagem no alto da montanha ou se queremos atravessá-la rapidamente.

Mas que espécie de liberdade é essa a que Sartre se refere? Ele diferencia dois conceitos de liberdade, o do senso comum e o filosófico: para ele, ser livre não significa "obter o que se quer", mas sim ter autonomia de escolha. Não se trata de dizer que um preso é livre para sair da prisão (dizer isso seria ignorar todas as condições da cadeia, ele preso etc.), mas declarar que mesmo um preso é livre significa dizer, para o filósofo, que ele é livre para tentar escapar (fugir ou fazer-se libertar). Qualquer que seja a situação, o homem pode projetar a fuga e descobrir o valor de seu projeto por um começo de ação. Ser livre é ser autônomo para escolher, e uma escolha que se mostra não de modo reflexivo, mas na própria ação: é no modo do preso agir que podemos ver o que ele escolheu. A escolha não é detectada de antemão, pela intenção, pelo pensamento – é na hora da ação que podemos compreender qual a escolha realizada, escolhida.

A liberdade a que Sartre se refere não é a liberdade abstrata, sonhadora, de achar que o preso é livre para imaginar que não está preso: ele também é livre para isso, mas se formos pensar assim, ficaremos com uma liberdade totalmente abstrata, que não se relaciona com as condições do mundo real – e não é isso que Sartre deseja em sua filosofia. A liberdade sartriana significa que podemos escolher, agindo, como vamos nos relacionar com o mundo, com nossos pais que nos obrigam a fazer determinadas coisas, com a cadeia na qual o preso está.

Nossa liberdade implica nossa realidade, significa que não podemos nos ausentar, nos abstrair totalmente desse mundo – mas também significa que o mundo nos aparece com um determinado sentido, sentido esse que somos sempre nós a darmos. À prisão, ao preso pode-se dar vários significados, e é sua ação que nos mostrará a escolha que teve: se continuar na cadeia pacatamente, essa ação mostra que ele aceita a prisão, seja como modo de punição, seja como modo de passividade. Se tentar fugir, mostrará que a prisão não é aceita por ele. Se tentar se libertar da cadeia por meio da lei, mostrará que não acha a sua prisão justa, mas que respeita o sistema judiciário de seu país.

Não existe, portanto, obstáculo que se coloque à nossa liberdade. É nossa liberdade que dá o sentido de obstáculo a algumas situações. Para alguém que está em casa, vendo TV, a montanha nada significa: não é seu fim, nem seu obstáculo. A montanha só torna fim (objetivo) para aquele que deseja escalá-la, e só é obstáculo para aquele que deseja passar o mais rapidamente para o outro lado. "Aquilo que é obstáculo para mim, com efeito, não o será para outro. Não há obstáculo absoluto" (SARTRE, 1999, p. 601), é nossa liberdade que, ao escolher seu objetivo, escolhe o que lhe será obstáculo.

As resistências e obstáculos – o mundo real, enfim – existem, mas existem apenas por causa da liberdade humana: é porque escolho chegar rapidamente ao outro lado da montanha que ela se mostra, para mim, um obstáculo; e é porque o outro escolhe ver uma linda paisagem que a mesma montanha se mostra, para ele, como objetivo, como desejável. O obstáculo só é assim visto porque nossa liberdade o significa de tal maneira, só existe porque realizamos um projeto, buscamos um objetivo, um fim.

É, pois, a própria liberdade quem estabelece seus limites, quem escolhe a maneira como irá significar cada acontecimento, cada situação, cada coisa. É desse modo que Sartre consegue ao mesmo tempo dizer que somos livres no mundo em que vivemos, mesmo estando presos ou então com nossos pais nos obrigando a agir de um jeito.

Partindo dessa ideia, Sartre começa a explicar algumas situações que normalmente dizemos ser obstáculo para nós, mas que na verdade não são. Ele começa pelo "lugar".

O "meu" lugar

Por "meu lugar" Sartre entende a cidade em que nascemos, vivemos, e também o lugar no qual estamos (a cadeira na qual estou sentada, a mesa em que comemos) e sua intenção é mostrar que "a realidade humana recebe originariamente seu lugar no meio das coisas – a realidade humana é aquilo pelo qual algo, como sendo um lugar, vem às coisas. Sem realidade humana não haveria espaço nem lugar" (SARTRE, 1999, p. 603).

Há o que ele chama de paradoxo: por um lado é certo que desde que nascemos ocupamos um lugar, uma cidade, um quarto. Não escolhemos (no sentido de raciocinarmos sobre qual lugar é melhor para nós etc.) esse lugar, já nascemos nele. Isso, porém, não limita nossa liberdade, pois se não houvesse liberdade, se resumidamente não houvesse realidade humana, então não haveria nem mesmo "lugar". O espaço é percebido e nomeado por nós: sem nós ele não teria o sentido que tem. Ele é lugar para nós que nele vivemos e que somos consciência.

É necessário que sejamos concretos, que sejamos em "algum lugar", e portanto, a concretude, a história, a situação que vivemos, sempre é considerada por Sartre. Mas se é necessário sermos em algum lugar, é contingente que sejamos aqui ou ali, em São Paulo ou no Rio de Janeiro, e o modo como significamos o lugar em que estamos (essa cidade como poluída e insuportável ou como cheia de cultura e gastronomia) depende de nós, e somos nós mesmos que definimos a cidade como "meu lugar". Somos nós quem estabelecemos qual relação temos com o lugar em que estamos, e isso só é possível porque somos liberdade.

Do mesmo modo que vimos que a montanha, "em-si", não tem nenhum significado, que ela só se torna um obstáculo para quem coloca como objetivo chegar ao outro lado o mais rápido possível (enquanto para aquele que deseja escalá-la, ela é vista como positiva), com o "lugar" acontece a mesma coisa: ele só se mostra como limite quando nós o colocamos como obstáculo para o fim que desejamos. Para alguém que nasceu em uma pequena cidade e deseja ser músico ou filósofo, por exemplo, seu lugar será visto como obstáculo, como aquilo que parece limitar o que ele deseja para se sentir completo: mas isso só se dá porque ele colocou como fim ter uma profissão que dificilmente poderia ter nessa cidade. Mas para uma outra pessoa que deseja a tranquilidade de uma pequena cidade, esta será vista sempre como algo positivo, como algo desejável.

A cidade, nela mesma, não é nem boa nem ruim, nem favorável nem desfavorável, nem estímulo nem limite à nossa liberdade – e isso porque é justamente nossa liberdade quem escolhe, ao agir, como verá esse seu lugar. Se ele aparecer como obstáculo (como é o caso para aquele que deseja ser filósofo ou músico e não encontra livros nem cursos nessa pequena cidade), assim o é porque dessa maneira o quis sua liberdade. A situação só existe por nossa liberdade, e nossa liberdade só existe na situação, nos fatos que vivemos e que nos acontecem.

O lugar em que vivemos, o quarto em que estamos, existem e é necessário que estejamos, que sejamos em algum lugar (é impossível não sermos em algum lugar, não sermos de modo concreto, sermos totalmente abstratos), mas o modo como o vemos é nossa liberdade, somos nós que decidimos, que escolhemos. E se ela compreende o lugar como obstáculo para o que deseja, isso não significa que o lugar, por ele mesmo, seja um limite à liberdade: é a própria liberdade que escolhe um obstáculo. Só ela pode ser um limite para ela mesma. Assim como a montanha e como o fato de ser baixa não determinam o modo como lidamos com isso, o lugar em que vivemos, de onde viemos e onde estamos não determinam nossa liberdade: se somos obrigados a sermos concretamente, a estarmos em algum lugar, o modo como o olhamos e significamos é determinado somente por nossa liberdade, ou seja, não é de modo algum determinado.

A relação que devemos ter com o lugar e a distância somos nós quem escolhemos e, dependendo de nossos objetivos, o que está mais próximo pode nos parecer mais distante. Podemos ver isso em um exemplo que o filósofo alemão Heidegger dá e que Sartre (1999, p. 607) retoma em seu livro:

> Heidegger mostrou como as preocupações cotidianas designam lugares aos utensílios que nada têm em comum com a pura distância geométrica: meus óculos, diz, uma vez colocados sobre meu nariz, estão muito mais longe de mim do que o objeto que vejo através deles.

Vocês nunca conheceram alguém que usa óculos e de repente esquece que está com os óculos e começa a procurá-los?

Isso mostra bem que, mais do que a real distância do objeto e do lugar a nós, o que "determina" a relação que teremos com ele é nossa liberdade, é o objetivo que nossa liberdade escolheu ter. É o que acontece no caso dos óculos: usamos óculos para melhor enxergar um certo objeto, um certo lugar. O que temos em vista é esse objeto, esse lugar e não os próprios óculos – e assim os óculos, grudados em nosso rosto, nem são percebidos por nós. Nosso objetivo é ver tal objeto, que está longe, mas ele nos parece mais perto do que os óculos que usamos, e isso porque nosso foco é o objeto e não os óculos. Mas podem ocorrer outras situações nas quais os óculos são muito bem percebidos, como quando temos de comprar um ou então quando está chovendo e a água não para de pingar nos óculos e prejudicar nosso olhar.

Tudo depende do objetivo que temos, da finalidade que propomos a nós mesmos – e é nossa liberdade quem escolhe. Se queremos ver o objeto, nem percebemos muitas vezes que estamos usando óculos. Mas quando precisamos comprar uns óculos, são eles que observamos com toda atenção. É a finalidade escolhida pela liberdade que significa nossa situação, as coisas que nos rodeiam, o lugar em que estamos. Assim, se há obstáculo, é a própria liberdade quem o estabelece – é ela que escolhe dar o sentido de "insuportável" à pequena cidade.

A cidade, nela mesma, não é nem limite nem estímulo à nossa liberdade, não é ruim ou boa: tudo depende da finalidade que cada um se coloca, tudo depende de como a liberdade se relaciona com o que está à sua volta, com o objetivo que ela se pôs. Assim como a montanha e o ser uma pessoa baixa não determinam o modo como cada um os significará, o mesmo acontece com o lugar de onde viemos e que ocupamos: é nossa liberdade, por meio da escolha de seu fim, que irá significar seu lugar – se deseja tranquilidade como objetivo, a cidade pequena será benéfica; mas se deseja oportunidades maiores de cultura, a mesma cidade será vista como um obstáculo.

Temos de tomar um lugar porque somos apenas nossa relação com o mundo; não nos é possível não termos um lugar; mas somos livres para tomar tal ou tal lugar e principalmente somos livres para conferir um sentido a esse lugar que ocupamos – e se somos nós quem escolhemos tal lugar, se livremente o significamos, então Sartre diz que também somos responsáveis por essa escolha.

O "meu" passado

E Sartre repete essa mesma fórmula com várias outras questões. É como se ele conversasse com as pessoas que acreditam serem determinadas pelas coisas e situações e tentasse provar a elas que na verdade somos nós que, livremente, escolhemos qual será nossa finalidade, quais serão nossos limites e obstáculos.

E se ele já mostrou como isso ocorre com um fato (o ser baixa) e também com um lugar (a cidade em que vivemos ou nascemos, o quarto em que estamos), agora ele mostrará que isso acontece também em relação ao passado. As pessoas podem pensar assim: "Tudo bem, Sartre, você nos convenceu que o lugar não determina o modo como o significaremos. Mas você só está falando de coisas e lugares, mas como você poderia dizer que não somos determinados por nossa história, pelo que já vivemos?".

Então Sartre começa a relatar como também nosso passado não nos determina. Não se trata de ignorar o que nos aconteceu, o que fizemos, mas de compreender que o que passou já passou, e que somos nós quem decidimos, no presente, o peso que daremos ao que nos aconteceu.

Há uma frase dele que diz mais ou menos assim: "Não importa o que fizeram de nós, importa o que fazemos do que fizeram conosco". Mesmo que a educação que nossos pais nos deram tenham causado um trauma enorme em nós, o que importa mais é o modo como hoje lidamos com esse trauma. Não dá para fingir que esse trauma não existe, que ele não foi causado – ele está ali, ligado a tal acontecimento. Mas o peso que damos a ele, a interpretação que podemos dar – isso somos nós que livremente escolhemos.

Assim como não podemos não estar em um lugar (o lugar pode ser este ou aquele, mas é necessário que estejamos em um certo lugar), com o passado acontece a mesma coisa: não é possível não termos passado, mas que nosso passado tenha o sentido A ou o contrário, isso depende de como vemos, hoje, o que nos aconteceu.

"A significação do passado acha-se estreitamente dependente de meu projeto presente (...). Com efeito, só eu posso decidir a cada momento sobre o *valor* do passado: não é discutindo, deliberando e apreciando em cada caso a importância de tal ou qual acontecimento anterior, mas sim projetando-me rumo aos meus objetivos, que preservo o passado comigo e *decido* por meio da ação qual o seu sentido (SARTRE, 1999, p. 612).

Temos de ser um passado, mas que esse passado seja "infância feliz em uma pequena cidade" ou "infância frustrada em uma pequena cidade", isso depende de nosso projeto, de nossa liberdade. Se o passado pode parecer um obstáculo a nossa liberdade é porque nossa liberdade assim escolheu ver seu passado: só existe limite e obstáculo se a liberdade assim coloca o fato, o lugar e o passado.

Sartre não nega, portanto, que existem obstáculos, mas para ele esses limites não determinam nossa liberdade: o obstáculo só existe porque a liberdade coloca tal fato como obstáculo. O limite é escolhido pela própria liberdade: assim, só ela tem o poder de se limitar, de colocar obstáculos. Por isso ele insiste em dizer que a liberdade é ao mesmo tempo absoluta e concreta: as situações que vivemos não diminuem nossa liberdade porque é justamente a liberdade quem dá o sentido para a situação, que escolhe dar um certo peso e uma certa interpretação.

Nosso passado existe, e temos de ter um passado, mas não existe nenhuma forma de determinismo: não é porque no passado uma outra criança na escola nos tratou de um modo preconceituoso que obrigatoriamente teremos baixa autoestima, ficaremos mal. Podemos também nos revoltar contra ela e brigar e aumentar a nossa autoestima. Não dá para traçar uma linha que determina de modo rigoroso nossa vida: não existe uma causalidade (ontem fiz isso, então com certeza hoje farei aquilo e amanhã é certo também que terei tal reação). Como já vimos, existe sim uma certa coerência em nossos atos, e isso porque todos esses atos estão ligados ao projeto que livremente escolhemos, aos objetivos que nos propomos; mas como somos livres, podemos a cada momento mudar esse projeto e reinterpretar nossa vida, nossas ações. Não existe um determinismo, um acontecimento que causa outro. Somos nós quem damos o sentido para os acontecimentos e, portanto somos nós quem escolhemos a ação a seguir.

Sendo Para-si, somos movimento em direção às coisas, aos lugares, ao passado – e como somos nós quem nos movimentamos, somos nós quem fazemos a relação, estabelecemos o sentido e a analogia entre os objetos, os lugares, os acontecimentos.

Do mesmo modo que ser baixa não determina meu projeto, o lugar que estou não determina como vou significá-lo, o passado também não determina minha ação presente e futura, não limita minhas possibilidades. Só a liberdade, ao escolher seu projeto, suas finalidades, ao agir, é capaz de colocar obstáculos e limites para si mesma: e se é ela quem coloca, ela é capaz de eliminá-los, de transformá-los. Apenas a liberdade é capaz de se limitar, de colocar obstáculos a ela. Não é o objeto, o lugar ou o passado que limitam e colocam obstáculos: tudo depende do projeto que temos, que nossa liberdade escolheu. Se quero ver a vista, a montanha beneficia meu projeto, mas se quero chegar rápido ao outro lado, ela será vista por mim como um obstáculo. Se desejo ser esportista, uma infância com excesso de proteção, com pais que não permitem muitas brincadeiras e riscos, me parecerá, quando estiver adulta, ruim. Mas se meu projeto é trabalhar em um escritório, esse excesso de proteção me será indiferente, tanto faz se meus pais me deixaram brincar em brinquedos mais perigosos ou não, isso não irá colocar nenhum obstáculo ao que desejo, que é trabalhar em um escritório.

É a liberdade que decide iluminar ou escurecer tal fato, tal lugar, tal passado. É só ela, portanto, quem pode se colocar obstáculos, limites. Tendo de ser um fato, em um lugar e de ter um passado, a liberdade não pode ser abstrata: ela precisa ser concreta, mesmo porque o homem só é à medida que se relaciona com o que não é, com as coisas, o mundo e os outros. Mas essa liberdade concreta não é de modo algum, para Sartre, limitada, diminuída: tendo de ser concreta, de estar no mundo, a liberdade é absoluta porque é sempre ela quem dá significado aos acontecimentos e, desse modo, é sempre ela quem escolhe se algo ajuda ou atrapalha o projeto que ela criou para si mesma.

E assim como o meu passado não determina a ação que tenho agora no presente, Sartre diz que o mesmo ocorre com a História. Nós só contamos a história como uma sucessão coerente e causal de fatos porque estamos depois do acontecido e porque temos uma concepção prévia de nosso projeto. Um exemplo para entendermos melhor: qual o significado da Guerra de Canudos? Na verdade, ela não tem um "único sentido", depende do modo como o historiador a vê. Muitos historiadores, que priorizam a questão da ordem política, de ver uma sociedade formada em bases totalmente racionais, veem nesse movimento de Antônio Conselheiro uma tentativa de desestruturar a Ordem Republicana por meio de um fanatismo religioso. Já os historiadores que priorizam a questão social da melhor distribuição de rendas veem esse movimento como uma tentativa necessária e importante de modificação e melhora da sociedade.

Não temos, nem na História Social nem na história pessoal uma "linha do tempo", com as ações se encadeando de forma necessária e com um único sentido. O que temos são várias linhas, vários caminhos, iluminados de formas distintas, de acordo com o projeto que temos para cada um de nós e para a sociedade; projeto esse que é feito e vivido pela liberdade que somos. "Ser livre não é escolher o mundo histórico onde surgimos – o que não teria sentido –, mas escolher a si mesmo no mundo, não importa qual seja" (SARTRE, 1999, p. 640).

E o outro, limita minha liberdade?

Sartre mostra, desse modo, como nossa liberdade é ao mesmo tempo absoluta e situada, como ela só tem sentido nesse mundo concreto em que vivemos, mas também como a realidade só adquire um certo sentido porque a liberdade a olha de tal ou tal modo. Tanto uma característica de uma pessoa, quanto o lugar que ocupamos e também nosso passado são visados pela liberdade que, ao agir, escolhe se vai olhar para tal lugar e tal passado como um convite ou um obstáculo à sua realização, a seus projetos e objetivos.

E se até aqui pensamos apenas na relação que uma pessoa tem com seu lugar, com sua característica (a altura), com seu passado – e tentamos compreender como é sempre ela, livre, que escolhe seu projeto e a partir dele olha seu lugar e seu passado como obstáculo ou convite a efetivar seu projeto –, está na hora agora de complicarmos a situação, já que não vivemos sozinhos, já que estamos em um mundo rodeado por outras pessoas, tão livres como nós.

Como se daria a relação entre tantas liberdades? Se podemos conservar a liberdade como absoluta e concreta diante das características, lugares e nosso passado, ainda é possível dizer que ela se mantém absoluta quando tem de se relacionar com tantas outras liberdades? Até agora Sartre diz que apenas a liberdade é capaz de impor limites para si, de colocar-se obstáculos, e que nenhum objeto ou acontecimento pode determinar nossa ação. E quando a relação não é mais com um Em-si, mas com um outro Para-si, com uma outra pessoa que é tão livre como nós?

Sartre admite que tudo seria muito simples se pensássemos em um homem sozinho no mundo, com só ele doando significado às coisas e aos acontecimentos; mas não é isso que acontece. Ao mesmo tempo que João significa um acontecimento de uma maneira, José dá um sentido contrário ao mesmo acontecimento. E não apenas o mundo é significado diferentemente pelas pessoas, como cada pessoa também é significada por outra: João olha José e lhe dá o sentido de "amigo", enquanto José olha João e lhe dá o sentido de "idiota".

"A existência do Outro traz um limite de fato à minha liberdade. Com efeito, pelo surgimento do Outro, aparecem certas determinações que eu sou sem tê-las escolhido. Eis-me, com efeito, judeu ou ariano, bonito ou feio, maneta, etc. Tudo isso, eu o sou para o outro, sem esperanças de apreender o sentido que tenho do lado de fora, nem, por razão maior, modificá-lo (SARTRE, 1999, p. 642).

Se apenas a liberdade pode colocar limites e portanto os objetos, os lugares e o passado só se tornavam obstáculos porque assim queria a liberdade, agora tudo se torna diferente: quando temos duas ou mais liberdades convivendo, uma liberdade pode querer limitar, influenciar a outra. E nesse caso, não há como efetivamente mudarmos o significado e o sentido que a outra liberdade quer nos dar. Não conseguimos nos colocar fora de nós mesmos, nos colocarmos exatamente na outra pessoa para modificar o modo como ela nos vê.

A LIBERDADE EM SARTRE

Quando estávamos no plano da relação entre um Para-si e os Em-si, era apenas ao homem que cabia doar sentido a tudo que via e acontecia. Mas agora a relação não é mais unilateral: todos os Para-si são capazes de doar significado: e não temos como controlar e modificar o sentido que os outros nos dão. Assim nos tornamos, de certo modo, algo que não escolhemos ser: não é João quem decidiu ser "idiota", mas é assim que José lhe vê e porque este o vê desse modo, ele se torna, ao menos para José, algo que João não quer ser, idiota. Sem desejar ser idiota, João o é. "Acabamos de encontrar – é preciso reconhecer – um limite real à nossa liberdade, ou seja, uma maneira de ser que nos é imposta sem que nossa liberdade constitua seu fundamento" (SARTRE, 1999, p. 643).

Aqui, na relação entre as pessoas, nossa liberdade não tem o poder absoluto que tinha diante das coisas e lugares e do passado: ela não pode modificar o que outra liberdade significou, ainda mais quando se trata de significar ela própria. No entanto, Sartre deixa claro que não é a ação do outro que impõe um limite à minha liberdade: se o outro pretende agir sobre mim, posso significar a ação dele do modo que quiser, de acordo com o projeto que minha liberdade criou. Até mesmo as ações mais extremas, como a tortura, por exemplo, não limitam nossa liberdade: é livremente que sucumbimos ou não a ela, é livremente que escolhemos nos calar ou falar, ver na tortura um desafio insuportável que é necessário suportar ou logo se render e não aguentar e falar.

Em relação à ação do outro, ainda somos absolutamente livres para significá-la de acordo com nosso projeto, com nossos objetivos. Nossa liberdade é limitada quando o Outro nos olha, quando ele nos classifica, define – quando ele nos torna objetos e não mais sujeitos. Esse "eu-objeto" (eu-amiga, eu--idiota), que é determinado pelo livre olhar do Outro, não consigo alcançar de modo algum: não há como eu, sujeito, me ver ao mesmo tempo como sujeito e como objeto. Esse eu-objeto que o olhar do Outro cria me é inacessível, pois para alcançá-lo eu preciso usar minha liberdade, eu preciso, em suma, ser sujeito – e como sujeito, não alcançamos nunca esse Eu-objeto.

O olhar do Outro nos objetiva, faz de nós um ser que não escolhemos ser, um ser ao qual nem mesmo temos acesso. "O verdadeiro limite à minha liberdade está pura e simplesmente no próprio fato de que um outro me capta como outro-objeto" (SARTRE, 1999, p. 643). Porque o outro existe, a minha situação é vista por um lado de fora que eu não consigo ver – e essa objetivação de algo que eu, subjetivamente, vivo, me torna um ser que eu não quis ser, sobre o qual nem mesmo tenho controle, já que é só o outro que pode decidir sobre ele, sobre o modo como me vê.

Conclusão

Sartre (1999, p. 644) conclui que

> Em qualquer plano em que nos coloquemos, os únicos limites que uma liberdade encontra, ela os encontra na liberdade (...). A liberdade só pode ser limitada pela liberdade, e sua limitação provém, como finitude interna, do fato de que ela não pode não ser liberdade, ou seja, de que se condena a ser livre; e, como finitude externa, do fato de que, sendo liberdade, ela existe para outras liberdades, as quais a apreendem livremente, à luz de seus próprios fins.

Mas se admite que a liberdade só encontra obstáculos e limites nela mesma – seja internamente, na relação com os Em-si, seja externamente, na relação com outras liberdades –, o filósofo sabe que nas relações entre as liberdades o que acontece, muitas vezes, é a tentativa de diminuir a liberdade do outro.

É por isso que em um artigo escrito depois de *O ser e o nada*, Sartre fala da necessidade de distinguir o fato de sermos ontologicamente livres e o fato de termos concretamente uma liberdade plena. Em um artigo chamado "Materialismo e Revolução"[2], o filósofo explica que ser livre em termos ontológicos

---

2 Publicado na Revista *Les Temps Modernes*, em abril de 1946.

não significa ser totalmente livre em todas as ações, não significa ter uma liberdade plena o tempo todo, uma liberdade completa. Pensar assim seria eliminar a principal definição de liberdade, de Para-si: somos a busca do que nos falta, do Em-si que nos tornaria completos e totalmente definidos – e se nossa liberdade fosse, de início, completa, não teria por que buscar alguma outra coisa.

Nossa liberdade é justamente o movimento em direção ao que ela não é, ela é negação de toda determinação. E se é assim, ela não poderia ser completa, "cheia de si": ela é o vazio que se direciona ao cheio, o nada que se direciona ao ser... e por isso não poderia ser ela mesma completa. Sartre diz que a liberdade é a busca pela liberdade, que somente porque somos ontologicamente livres é que podemos buscar a liberdade efetiva.

Contra os críticos (principalmente os marxistas) que dizem não haver a garantia ontológica e inicial da liberdade, Sartre argumenta que, se não fôssemos liberdade, não poderíamos buscá-la. É difícil entender por que buscar algo que já somos, mas são duas maneiras distintas de conceber a liberdade: não dá para ignorar as escravidões e torturas, as circunstâncias nas quais uma pessoa é impedida de se mostrar efetivamente livre. Mas ela só pode buscar sua libertação porque ela é liberdade, ou seja, porque ela é esse movimento em direção ao que ela ainda não é. Se ela não fosse liberdade, se ela não fosse a busca daquilo que não é, ela não poderia nem mesmo conceber sua libertação, já que apenas a liberdade permite esse movimento, esse afastar-se do fato e criar um projeto, estabelecer, agindo, as finalidades que deseja.

Se o homem não fosse liberdade, não teria como buscar sua libertação. Apenas porque já somos liberdade, apenas porque nos é possível projetarmo-nos em uma situação que não é a que vivemos agora, porque conseguimos buscar o que não somos, é que podemos lutar para fugir da escravidão e encontrar força para resistir à tortura, pedindo ou mesmo exigindo, por meio desses atos, que nossa liberdade seja reconhecida pelo Outro.

Somente sendo liberdade é que podemos buscar o reconhecimento real de nossa liberdade que já somos. E é somente a liberdade que pode criar obstáculos e limites: seja na relação com os objetos (e lugares e passado), quando significamos as situações de acordo com o projeto que temos; seja na relação entre as pessoas, entre as liberdades, quando a liberdade de um olha e objetiva a liberdade do outro – uma liberdade que é absoluta porque só ela própria pode se colocar limites (a si ou a outra liberdade), mas que só pode existir em relação com o mundo, com a realidade, já que existe na medida em que se movimenta em direção às coisas, às situações e aos outros. Liberdade ao mesmo tempo absoluta e concreta: essa é a liberdade de Sartre; uma liberdade que só tem sentido se situada na realidade, mas em uma realidade que só tem significado e peso se iluminada pela liberdade.

E, de todo modo, essa liberdade tão angustiante (porque é uma condenação da qual não podemos fugir, a qual temos de ser) traz junto consigo um outro termo fundamental na filosofia de Sartre: a responsabilidade. Se somos sempre nós, livres, quem damos significados aos acontecimentos e às coisas e lugares e mesmo aos outros (do mesmo modo que o outro, livre, me olha e me objetiva, eu, liberdade, olho o outro e também o objetivo), então temos de nos responsabilizar pelo modo como escolhemos dar sentido ao mundo.

Pensar uma liberdade tão forte, que seja ao mesmo tempo absoluta e concreta, é não poder deixar de lado esse outro conceito, que é o da responsabilidade que devemos ter em relação às escolhas que fazemos, ao modo como escolhemos viver nossas situações, aos projetos que criamos para nós e para a sociedade em que vivemos e ao modo como nos relacionamos com os outros.

Conceber uma liberdade absoluta, e ao mesmo tempo situada, implica pensar no homem como do-ador de significado para suas ações e para o mundo – e, portanto, como engajado, comprometido com esse poder esmagador que tem, com essa escolha que não pode deixar de fazer.

Capítulo 3

A liberdade responsável

"A consequência essencial de nossas observações anteriores é a de que o homem, estando condenado a ser livre, carrega nos ombros o peso do mundo inteiro: é responsável pelo mundo e por si mesmo enquanto maneira de ser" (SARTRE, 1999, p. 678).

Se somos livres e decidimos, na hora mesmo de agir, como significamos o mundo, então temos de ser responsáveis pelo modo como agimos conosco e com os outros, pela maneira como nos relacionamos com os acontecimentos e o mundo. Por isso nossa liberdade nos angustia tanto: não podemos dela fugir, e ela implica sermos absolutamente responsáveis por tudo que fazemos e também pelo que não fazemos. Assim como estamos condenados a ser livres, também estamos condenados a ser responsáveis por nossas escolhas. Não há como fugir disso: não escolher é uma escolha, não querer se responsabilizar é ser responsável por sua irresponsabilidade.

Não há situação pela qual não sejamos responsáveis. Muitos podem achar isso bastante forte, pesado, pois muitas vezes não desejamos que aconteça alguma coisa e quando ela acontece, achamos injusto sermos considerados responsáveis por ela. Uma guerra, por exemplo, pode não ser desejada nem decretada pelo João, mas a partir do momento em que ele começa a participar da guerra, mesmo que tenha sido chamado, é ele que se torna responsável por essa guerra. Mesmo que ele não queira guerrear e tenha ido apenas porque foi chamado pelas Forças Armadas, ele é responsável. Mas por quê?

Porque é ele quem dá significado ao que lhe acontece, e se mesmo sem querer, obedeceu às ordens das Forças Armadas, é porque considera isso mais importante que a paz. Ele poderia ter fugido, desertado, em um exemplo mais extremo, até mesmo se matado. Mas ele preferiu, mesmo sendo contrário à guerra, participar dela. Seja por covardia, por respeito à pátria ou à honra familiar, o jovem escolheu participar da guerra e, a partir desse momento, essa guerra que ele não desejava passa a ser sua guerra, ele passa a ser responsável por ela. "Se preferi a guerra à morte ou à desonra, tudo se passa como se eu carregasse inteira responsabilidade por esta guerra" (SARTRE, 1999, p. 679). Esse jovem não é vítima, ou melhor, é tão vítima quanto cúmplice, ele é alguém que livremente se colocou como projeto o respeito à opinião pública, por exemplo. E esse projeto escolhido significa a escolha da guerra, mesmo que ele seja contrário a ela. Ao aceitar participar da guerra, ele mostrou que dá maior importância à opinião pública e à pátria do que à paz.

Ele não tem desculpas, não tem consolo, não tem justificativas. Seu ato de entrar na guerra mostra que ele a escolheu livremente (preferiu atender ao chamado das Forças Armadas do que desertar) e então ele passa a ser responsável não só por essa escolha mas também pela guerra.

> Assim, totalmente livre, indiscernível do período cujo sentido escolhi ser, tão profundamente responsável pela guerra como se eu mesmo a houvesse declarado, incapaz de vivê-la sem integrá-la à minha situação, sem comprometer-me integralmente nessa situação e sem imprimir nela a minha marca, devo ser sem remorso nem pesares, assim como sou sem desculpa, pois, desde o instante de meu surgimento ao ser, carrego o peso do mundo totalmente só, sem que nada nem ninguém possa aliviá-lo (SARTRE, 1999, p. 680).

Com uma liberdade absoluta, que nos impede de não sermos livres, temos também uma responsabilidade absoluta, que nos deixa sem desculpas, sem poder colocar a culpa em outra pessoa ou em alguma Instituição. E é pelo peso insuportável dessa carga que tanto tentamos fugir de nossa liberdade e responsabilidade: mas até mesmo essa tentativa de fugir da liberdade só é possível porque somos livres, e a responsabilidade também aparece e se mostra responsabilidade pela tentativa de fuga.

A nós, Para-si, não é dada a possibilidade de não sermos livres. Não temos a escolha de poder não escolher, não sermos engajados, de não nos comprometermos com esse mundo em que vivemos. Se tentamos não nos comprometer, assumimos já um compromisso com o descompromisso. Se não reconhecemos nossa responsabilidade, ela se volta contra nós e se mostra presente até mesmo quando proclamamos que não somos responsáveis.

Se por um lado desejamos ser livres, se muitas vezes reclamamos porque não somos tão livres quanto gostaríamos, raramente aceitamos o peso e a consequência dessa liberdade absoluta. É por isso que ao mesmo tempo dizemos que queremos ser livres e tentamos colocar a responsabilidade de nossos atos em qualquer coisa que não seja nós (nossos pais, nosso passado, a professora da escola). Se reclamamos quando queremos desobedecer a nossos pais, gritando que não somos livres como gostaríamos, em muitos outros momentos damos desculpas para nossos atos, dizemos que agimos assim porque nossos pais nos educaram de tal modo.

Mas para Sartre não há esse meio-termo: somos liberdade e só não somos livres para deixar de sermos liberdades; somos responsáveis por nossas escolhas mesmo quando escolhemos nada escolher. E é por isso que ele diz que somos responsáveis pela vida que temos: se somos livres para dar o sentido que queremos[1] (de acordo com nosso projeto já criado), somos responsáveis pelo sentido que damos. Então não há como dizer que fomos totalmente vítimas, que não queríamos tal escolha, que fomos obrigados a fazermos a guerra ou a faltar à aula.

Somos totalmente responsáveis pela vida que levamos. Não temos desculpas nem justificativas. Sendo Para-si, sendo liberdade, damos o significado ao mundo, às ações e aos outros e não é possível sermos determinados por nada. Nossa liberdade não é determinada por nada além dela mesma, e por isso somos absolutamente responsáveis pelas escolhas que fazemos, pelas ações que realizamos.

Ter essa concepção de uma liberdade que é concreta e ao mesmo tempo absoluta, que implica pensar numa responsabilidade também bastante pesada, é muitas vezes vista pela maioria das pessoas como uma filosofia negativa demais, como uma filosofia que nos leva ao desespero, à angústia, a não mais querer agir.

Mas Sartre, em uma conferência dada para esclarecer o livro *O ser e o nada*, explica que não é

---

1 Lembramos que não se trata de um "querer" racional, pensado. Isso não acontece de modo a, em cada ato, ficarmos pensando qual ação seria melhor, qual decisão iria de acordo com nosso projeto. É no momento mesmo de agir que mostramos qual decisão tomamos, qual projeto somos.

A LIBERDADE EM SARTRE

nada disso. Mesmo que tenha angústia e desespero, trata-se, para ele, de sentimentos que nos estimulam a agir, a pensar positivamente. Para explicar melhor como essa ideia (que inicialmente nos parece um tanto estranha, não?) é coerente, vamos agora acompanhar as principais ideias da conferência chamada *O existencialismo é um humanismo*.

Nessa conferência, o objetivo de Sartre é explicar como sua filosofia, o existencialismo (nome mais comum dado à fenomenologia francesa) não significa um desespero absoluto, uma tristeza, mas como ela pode ser um incentivo às ações humanas e até mesmo ao otimismo.

Parece-nos estranho pensar que uma filosofia tão crítica como é a de Sartre, com essa liberdade e responsabilidade que nos deixam sem desculpas e com todo o peso do mundo em nossas costas, possa ser vista como uma filosofia "humanista", que dá valor e encoraja os seres humanos. Mas o que o filósofo pretende mostrar é que somente uma filosofia que coloque o homem como inteiramente livre e responsável é capaz de ser uma filosofia humanista.

Muitos críticos, principalmente os relacionados à igreja católica, dizem que Sartre enfatiza o lado negativo da vida humana, falando apenas da angústia, do desespero, de estarmos só e termos de decidir, sem desculpas e justificativas, nosso destino e o destino do mundo todo. A eles, Sartre lança uma pergunta: "Será que, no fundo, o que amedronta na doutrina que tentarei expor não é o fato de que ela deixa uma possibilidade de escolha para o homem?" (SARTRE, 1984, p.4). O filósofo levanta a hipótese de que sua filosofia talvez coloque medo, não porque seja pessimista e fale apenas do lado sombrio e negativo da vida humana, mas pelo contrário, porque é uma filosofia otimista que fornece ao homem a possibilidade de escolha.

O que a fenomenologia pretende mostrar com sua definição de que "no homem, a existência precede a essência" (e o nome de existencialismo vem dessa frase, tema fundamental da filosofia de Sartre) é que o homem existe, encontra a si mesmo, surge no mundo e só posteriormente se define. "O homem nada mais é do que aquilo que ele faz de si mesmo: é esse o primeiro princípio do existencialismo" (SARTRE, 1984, *p.* 6). É essa definição de ser humano que traz ao mesmo tempo nossa angústia e nosso poder, nossa solidão e nossa capacidade de nos criarmos e sermos aquilo que desejamos.

Como não há nenhuma essência, como não temos nenhuma natureza para nos determinar antes mesmo do nosso nascimento e como não existe um Deus (a filosofia de Sartre é uma filosofia ateia, que não acredita na existência de Deus. Mesmo se Deus existisse, ele nada poderia a partir do momento em que deu liberdade aos homens. Então não haveria diferença em sua filosofia mesmo admitindo Deus), é apenas o homem que, agindo, se faz. Não é uma "natureza humana", nem a educação, nem o lugar em que nasceu que formam o homem: o homem é na medida em que existe, é existindo, vivendo. Sua essência é inventada pelo modo como ele vive: a existência vem antes da essência, forma a essência, define (de um certo modo, não como o Em-si, mas como Para-si, sem definições absolutas) o que somos.

Mas se a essência do homem vem de sua existência, se não há nada que nos defina antes de agirmos, então somos totalmente responsáveis pelo que somos. Não há desculpas para nossas ações, não podemos justificar que somos assim porque tivemos tal educação na infância, porque nossos pais nos obrigaram a ser de determinado modo. Agimos assim porque temos tal meta como projeto, como tentativa de realização, e isso foi livremente escolhido por nós, escolhido não por meio de raciocínios e mais raciocínios, mas por meio da própria vida, por meio da ação. Agindo, mostramos qual é nossa escolha, quais são nossos valores: não são valores absolutos e abstratos que guiam nossa ação, mas o contrário – é nossa ação que mostrará qual o valor que adotamos para nós e que desejamos para a sociedade.

Não há nada que venha antes e cause nossa ação, que determine nossas escolhas. Somos liberdade e escolhemos, sozinhos e sem desculpas. E por ser assim, somos totalmente responsáveis pelo que escolhemos para nós e para os outros, para o modelo de mundo que desejamos.

E é a partir dessas ideias que o existencialismo de Sartre diz que ser humano é ser angústia, desamparo, desespero. Não há a tentativa de mascarar esses aspectos tão pesados de nossa existência: se somos só nós, sem termos amparo algum, que escolhemos nossa vida, então com certeza teremos angústia e desespero. Eles aparecem sempre que temos consciência de que nossa existência precede nossa essência. A angústia é a percepção de que somos absolutamente livres, de que nada justifica nossos atos, de que a história e os outros não determinam nossas ações, nossa vida. Nunca somos vítimas, sempre significamos livremente o que acontece a nós – e por isso sempre somos responsáveis pelo modo como significamos o que nos acontece.

Não podemos, para Sartre, encontrar desculpas o tempo todo, dizer que "meus pais me obrigaram a fazer isso", "fui obrigado a participar da guerra porque as Forças Armadas chamaram", "falei porque o torturador me obrigou": sempre é possível mudar o sentido do que nos acontece, sempre podemos não obedecer a nossos pais, desertar e não participar da guerra, calar-se mesmo diante de uma tortura. Embora o preço a pagar por essas escolhas às vezes seja muito caro, sempre é possível escolhê-las. Somos nós quem, mesmo nessas situações extremas, escolhemos qual será nossa ação (que provavelmente estará de acordo com o projeto que temos para nossa vida e para o mundo). Não são nossos pais, nem as

Forças Armadas nem o torturador que determinam como iremos agir: mesmo que eles tenham como objetivo eliminar nossa liberdade, isso é impossível; é preciso que nós aceitemos ser obrigados, determinados; é preciso, enfim, que nossa liberdade aja para aceitar a liberdade do outro. Ou seja: nossa liberdade está presente mesmo quando é para aceitar a dominação do outro.

Por isso, não temos desculpas, não temos justificativas. Não há nada anterior a nós que nos faça viver de tal modo, e não há nenhuma circunstância no presente, no mundo, que nos obrigue a agir de determinada maneira. E não há como não sentir angústia perante essa tal constatação. O ser humano é livre, responsável pelas escolhas que faz e por isso é angústia, desespero:

> Com efeito, se a existência precede a essência, nada poderá jamais ser explicado por referência a uma natureza humana dada e definitiva; ou seja, não existe determinismo, o homem é livre, o homem é liberdade. Por outro lado, se Deus não existe, não encontramos, já prontos, valores ou ordens que possam legitimar a nossa conduta. Assim, não teremos nem atrás de nós, nem na nossa frente, no reino luminoso dos valores, nenhuma justificativa e nenhuma desculpa. Estamos só, sem desculpas. É o que posso expressar dizendo que o homem está condenado a ser livre.

Condenado, porque não se criou a si mesmo, e como, no entanto, é livre, uma vez que foi lançado no mundo, é responsável por tudo o que faz (SARTRE, 1984, p. 9).

Diante disso, não é possível não ter angústia e sentir desamparo. É um peso muito grande que temos de carregar e do qual não podemos nos livrar, embora tentemos o tempo todo. Como já dissemos, só podemos fugir porque somos livres, e somos responsáveis por nossa irresponsabilidade. Não há como fugir dessa liberdade e responsabilidade absolutas, angustiantes.

A LIBERDADE EM SARTRE

Conclusão

Mas se por um lado há a ênfase na angústia e desamparo do ser humano, nesses aspectos considerados "negativos" e "sombrios", por outro lado a filosofia de Sartre mostra, com isso, que tudo que vivemos depende apenas de nós. Podemos doar o sentido que queremos aos objetos e ao mundo, podemos transformar o significado de algo que nos aconteceu, podemos nos modificar, criar outro projeto, estabelecer outros objetivos. Tudo isso depende apenas de nós, seres humanos.

Se houvesse uma "natureza humana", um Deus, valores – qualquer coisa que determinasse nossos sentimentos e ações – então sempre seríamos escravos dessas Instituições, desses seres abstratos. Se eles existissem, nunca seríamos livres para mudar nossa vida, para reinterpretar o que nos aconteceu e o que sentimos. Sempre seríamos totalmente vítimas, tendo de obedecer à nossa "essência". Mas como não há, então temos o poder (um poder angustiante, é verdade) de significar o mundo, de escolher nossa vida.

É por isso que Sartre (1984, p. 13) diz que:

A doutrina que lhes estou apresentando é justamente o contrário do quietismo, visto que ela afirma: a realidade não existe a não ser na ação; aliás, vai mais longe ainda, acrescentando: o homem nada mais é do que o seu projeto; só existe na medida em que se realiza; não é nada além do conjunto de seus atos, nada mais que sua vida.

A filosofia sartriana mostra o homem com o poder de realizar sua vida, de mudar seu modo de significar o mundo: e se isso é cruel para aqueles que se sentem frustrados, como se não tivessem a sorte de ter a vida que mereciam ter, por outro lado, é somente pensando assim que essa pessoa poderá reverter sua vida, transformá-la. Se a pessoa continuar pensando que é vítima do mundo, ela continuará a ser. É preciso que ela adquira consciência de que o mundo e os acontecimentos têm o sentido que ela escolhe dar a eles: e se com isso ela se angustia ao perceber que é a única responsável por seu fracasso, é ao perceber isso que ela poderá ter forças para mudar sua vida.

Se um aspecto da liberdade e responsabilidade absolutas é a angústia, é a consciência de sermos apenas nós, sem desculpas, que nos fazemos, que escolhemos nossa vida, nossas prioridades, o outro aspecto é o poder que temos de fazer e refazer nosso modo de viver. Tudo depende de nós: é isso que nos angustia, é isso que nos dá dignidade. O desamparo vem junto com o sentimento de que não somos impotentes: a significação do mundo, o poder de modificar nossa vida e os acontecimentos vêm única e exclusivamente de nós, seres humanos.

Somos nós, tão fracos e inseguros, tão desamparados e angustiados, que nos fazemos e nos criamos, que significamos os objetos que nos rodeiam, que doamos sentido ao mundo e aos acontecimentos: a grandeza do ser humano não se encontra no fato de sermos "heróis", superiores aos outros seres, mas no fato de, mesmo tão pequenos e desesperados, carregarmos o peso, feito ao mesmo tempo de pluma e de chumbo, de criar o mundo e nós mesmos. Nossa liberdade é nossa angústia e ao mesmo tempo nossa potência.

A filosofia de Sartre mostra o homem com todas as complexidades que somos e inseguranças que temos. Com uma liberdade que é ao mesmo tempo absoluta e concreta, o filósofo nos mostra totalmente reais, inseridos na história, no mundo em que vivemos, e ao mesmo tempo com o poder de significarmos e mudarmos a história, o mundo e nós mesmos. Se a responsabilidade que vem junto com a liberdade nos angustia, se ela nos mostra que não temos desculpas e justificativas para nossos atos e para nossa vida, ela também nos mostra que podemos modificar nossas vivências, transformar o modo de ver e viver a realidade, já que somos nós, e só nós, que livremente escolhemos o sentido do que nos acontece.

A LIBERDADE EM SARTRE

Referências bibliográficas

SARTRE. *O ser e o nada*. Petrópolis: Vozes, 1999.
_____. *O existencialismo é um humanismo*. São Paulo: Abril Cultural, 1984.
_____. *Sursis*. Rio de Janeiro: Nova Fronteira, 1991.
_____. "Matérialisme et Révolution" In *Revue Les Temps Modernes*. Paris: Gallimard, avr/1946.

A LIBERDADE EM SARTRE

A LIBERDADE EM SARTRE